Walt Disney

Micky Maus Edition

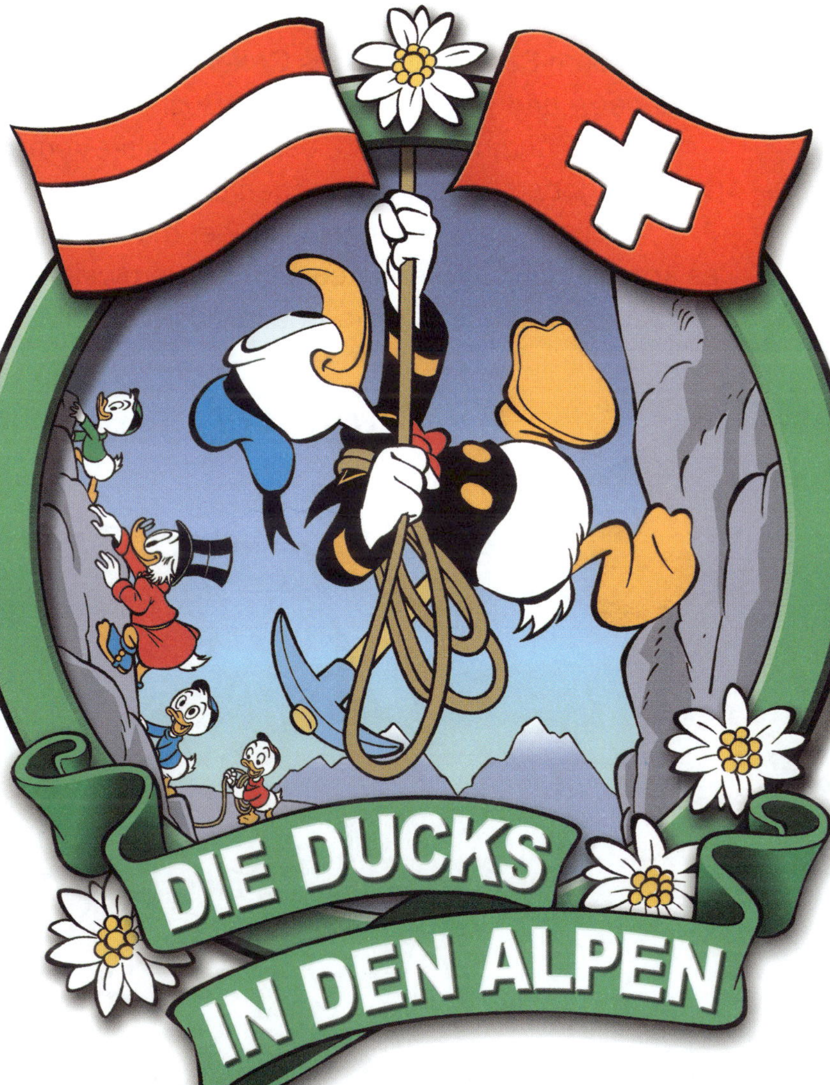

Comic Collection
Egmont

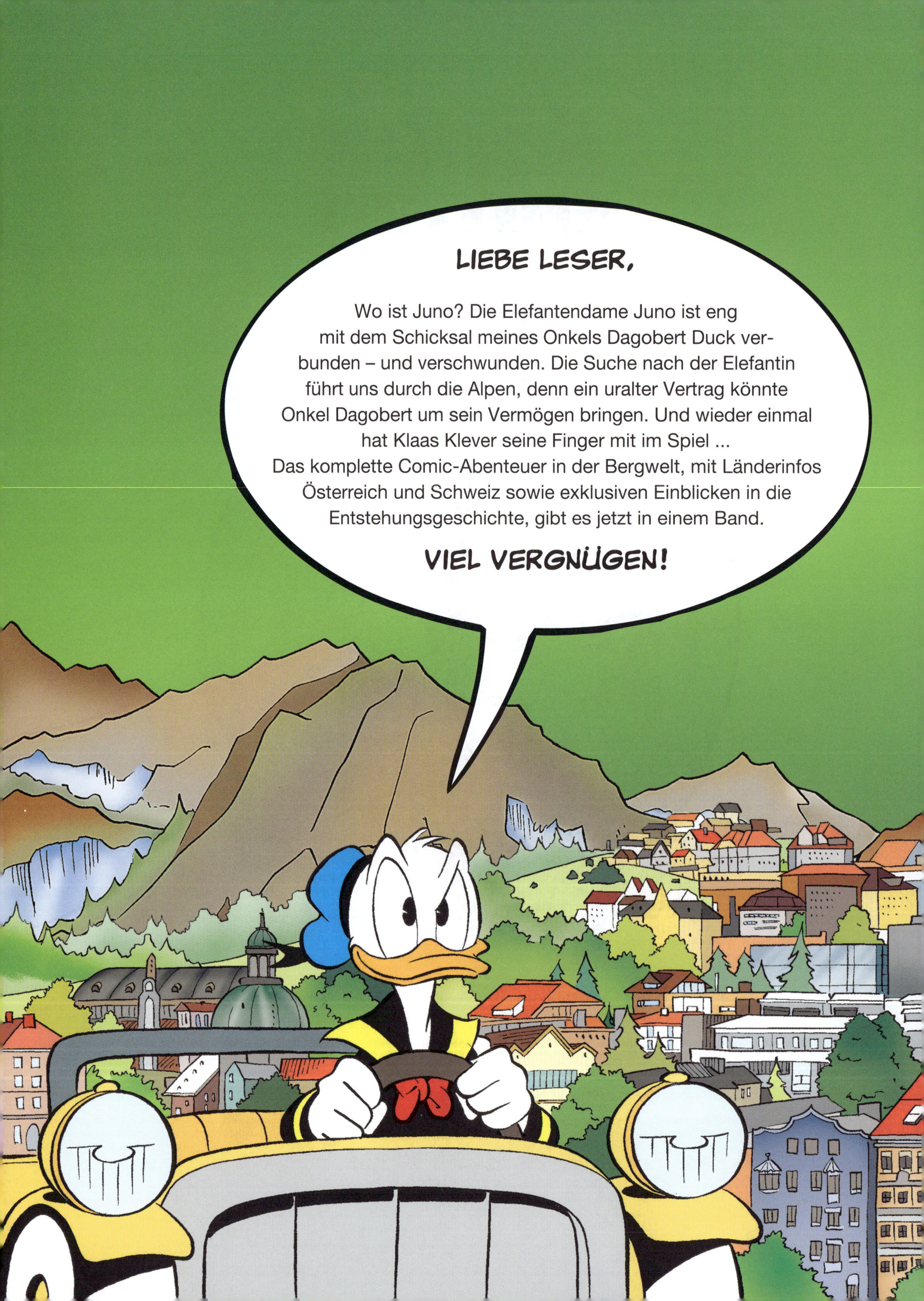
LIEBE LESER,
Wo ist Juno? Die Elefantendame Juno ist eng mit dem Schicksal meines Onkels Dagobert Duck verbunden – und verschwunden. Die Suche nach der Elefantin führt uns durch die Alpen, denn ein uralter Vertrag könnte Onkel Dagobert um sein Vermögen bringen. Und wieder einmal hat Klaas Klever seine Finger mit im Spiel ...
Das komplette Comic-Abenteuer in der Bergwelt, mit Länderinfos Österreich und Schweiz sowie exklusiven Einblicken in die Entstehungsgeschichte, gibt es jetzt in einem Band.
VIEL VERGNÜGEN!

INHALT

COMICS

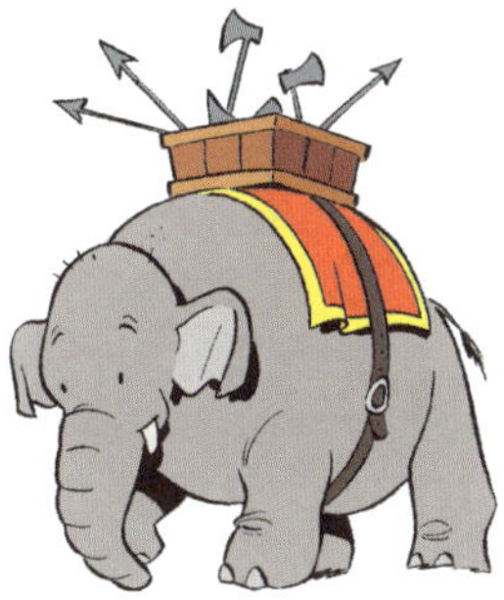

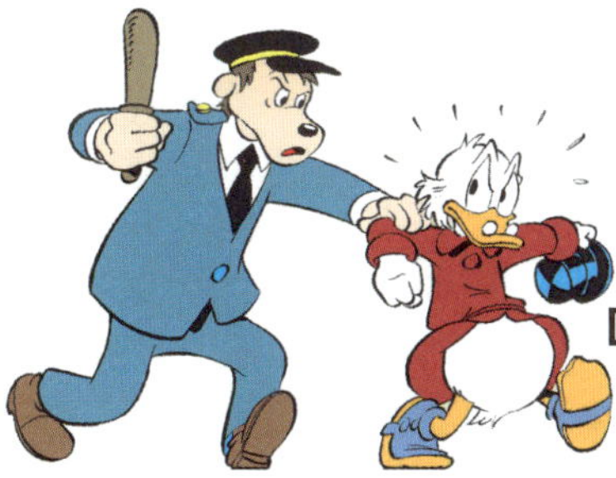

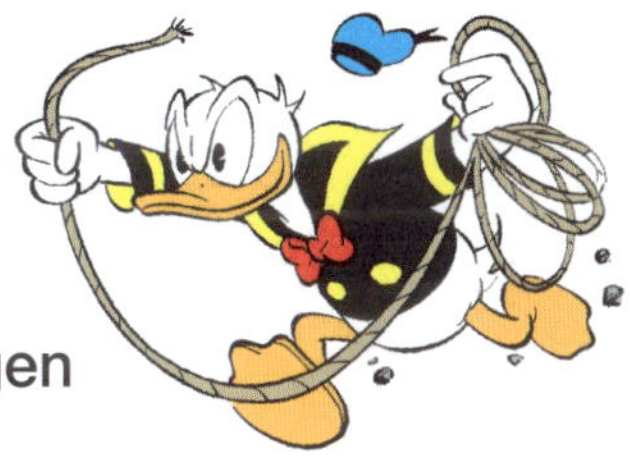

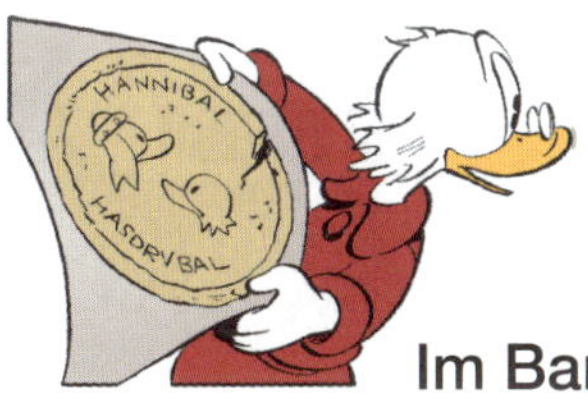

BONUSMATERIAL

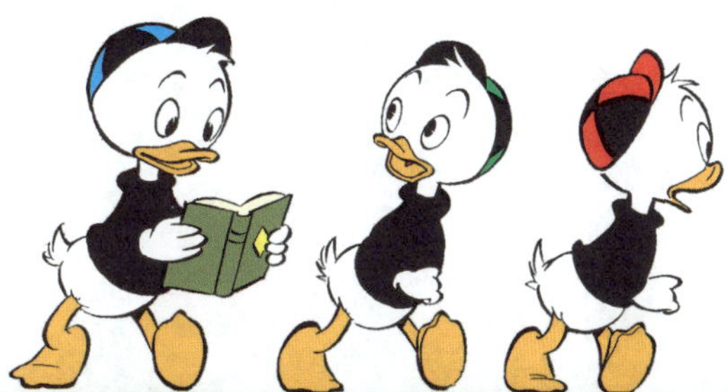

AUF EINEN BLICK

Familie Duck durchquert auf der Suche nach einem Elefanten die Schweiz und Österreich. Wo sie haltmachen? Das erfährst du auf dieser Karte.

Basel hatte 400 Jahre lang eine eigene Zeit. Die „Basler Zeit“ ging eine Stunde vor. Die Sonnenuhr am Basler Münster zeigt heute noch diese Zeit an.

Das Erkennungszeichen der Stadt Zürich, auf Schweizerdeutsch auch „Züri“ genannt, ist das Großmünster mit seinen beiden 62 Meter hohen Türmen.

Bern ist der Regierungssitz der Schweiz. Bern wird jedoch nicht Hauptstadt, sondern Bundesstadt genannt.

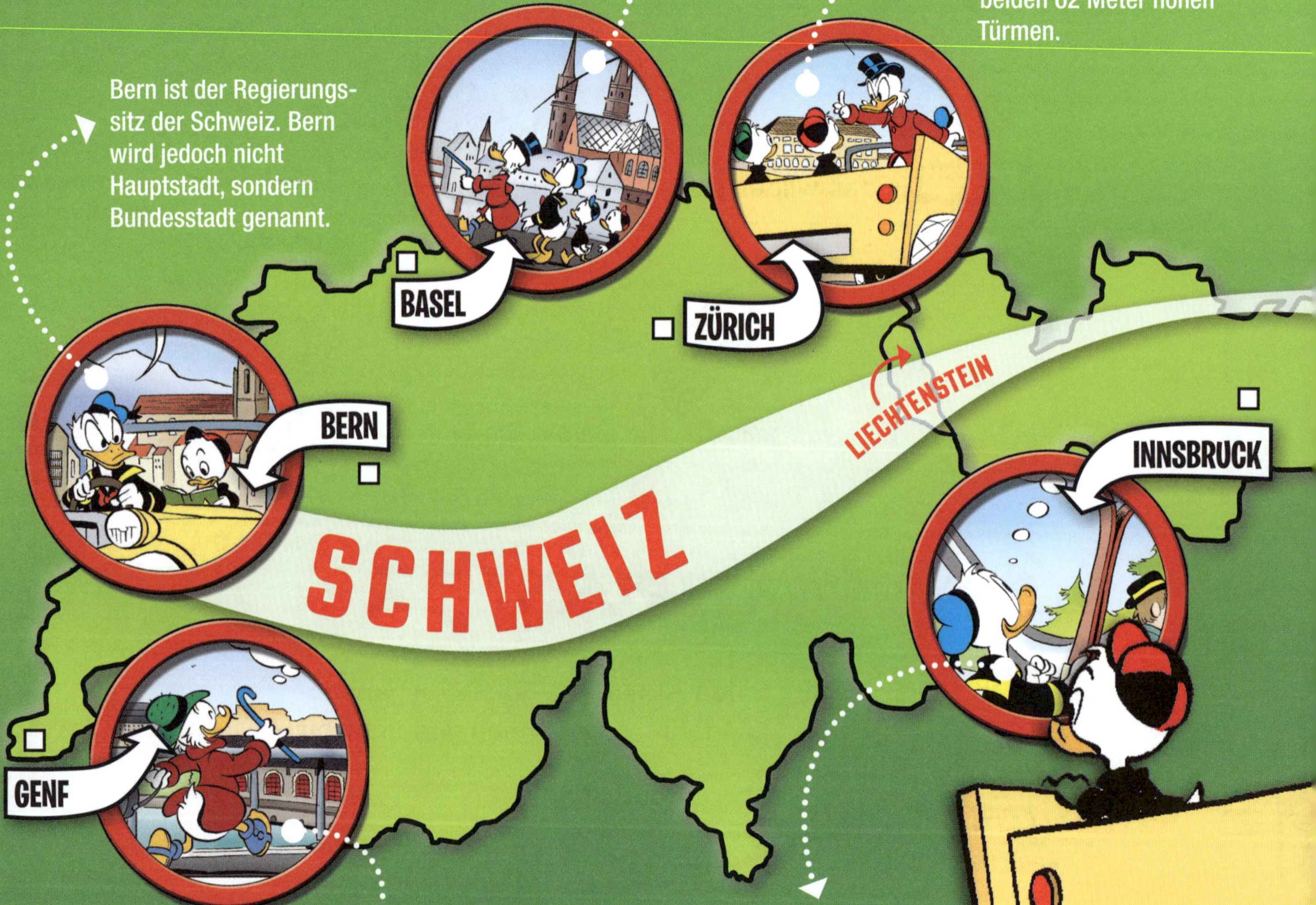

Genf wird auch die „kleinste Metropole der Welt“ genannt. Hier befinden sich ungefähr 100 ausländische Banken.

Die Skisprunganlage in Innsbruck hat Tradition: Sie wurde im Jahr 1964 errichtet. Der Umbau zur heutigen Form erfolgte 2001/2002.

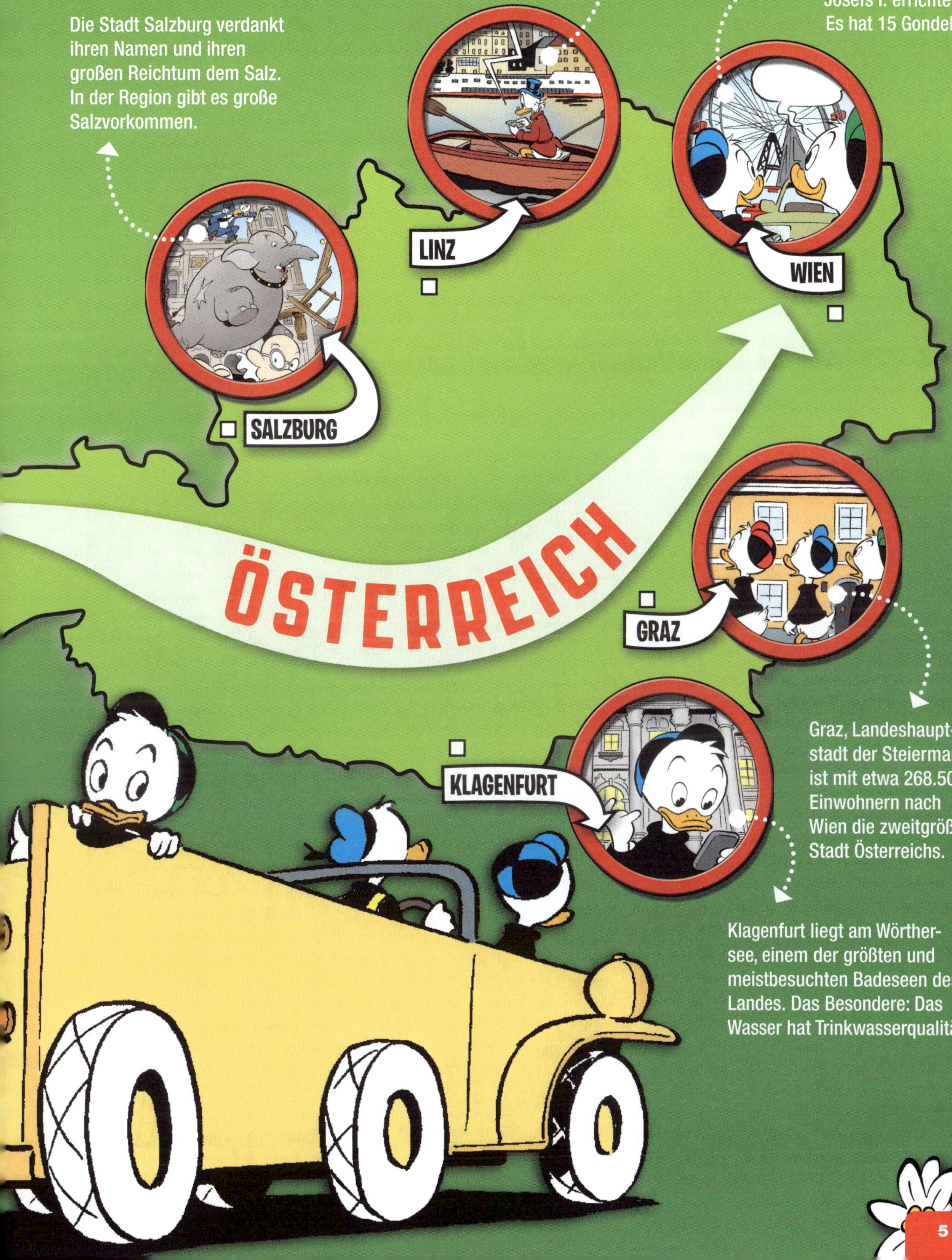

Die Stadt Salzburg verdankt ihren Namen und ihren großen Reichtum dem Salz. In der Region gibt es große Salzvorkommen.

Die Donau ist der zweitgrößte Fluss Europas. Sie entspringt im Schwarzwald und mündet im Schwarzen Meer. Gesamtlänge: knapp 2860 Kilometer.

Das Riesenrad in Wien wurde zur Feier des 50. Thronjubiläums Kaiser Franz Josefs I. errichtet. Es hat 15 Gondeln.

Graz, Landeshauptstadt der Steiermark, ist mit etwa 268.500 Einwohnern nach Wien die zweitgrößte Stadt Österreichs.

Klagenfurt liegt am Wörthersee, einem der größten und meistbesuchten Badeseen des Landes. Das Besondere: Das Wasser hat Trinkwasserqualität.

HANNIBALS ELEFANT

TEIL 1

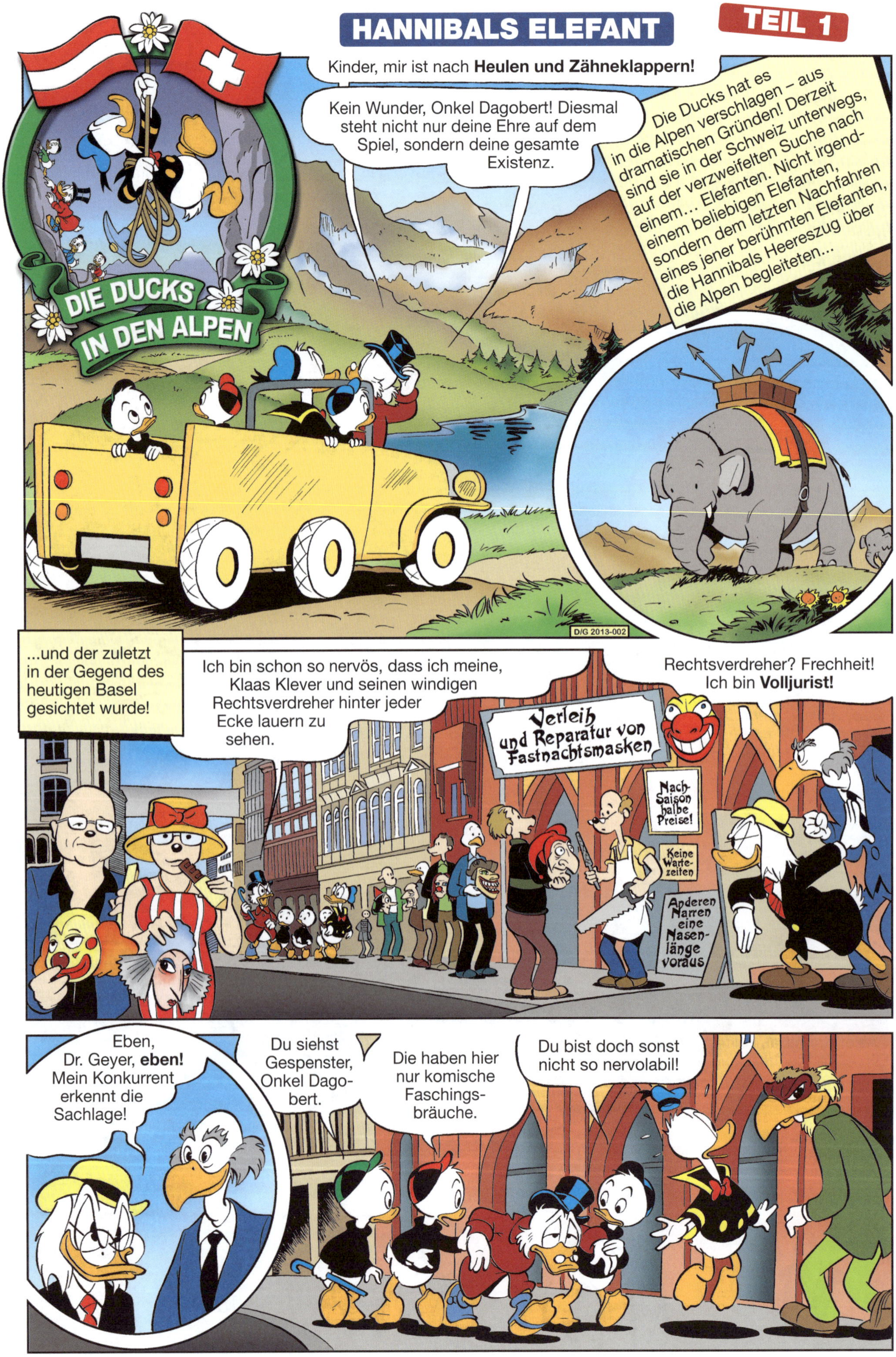

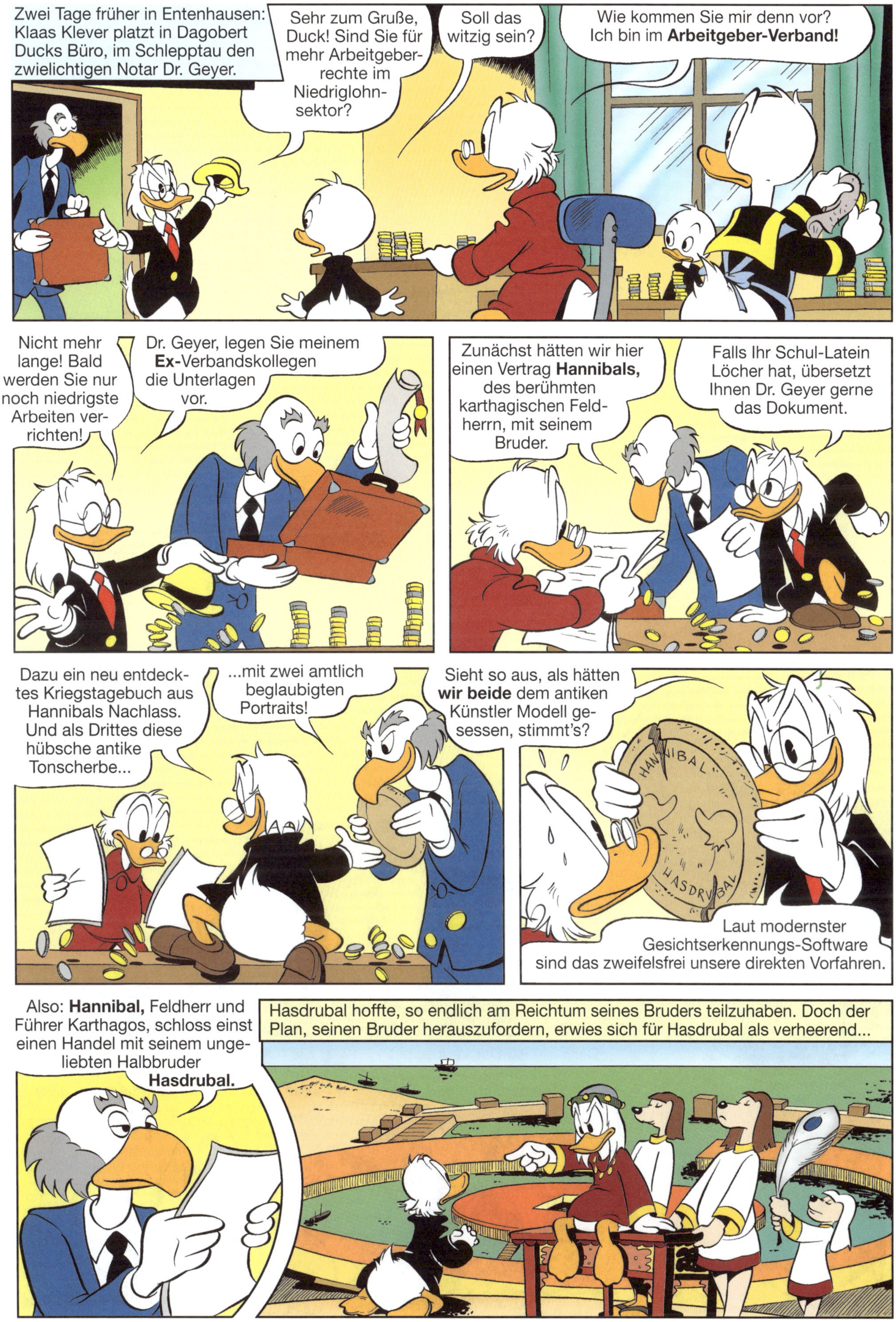
Zwei Tage früher in Entenhausen: Klaas Klever platzt in Dagobert Ducks Büro, im Schlepptau den zwielichtigen Notar Dr. Geyer.
Sehr zum Gruße, Duck! Sind Sie für mehr Arbeitgeber-rechte im Niedriglohn-sektor?
Soll das witzig sein?
Wie kommen Sie mir denn vor? Ich bin im **Arbeitgeber-Verband!**
Nicht mehr lange! Bald werden Sie nur noch niedrigste Arbeiten ver-richten!
Dr. Geyer, legen Sie meinem **Ex**-Verbandskollegen die Unterlagen vor.
Zunächst hätten wir hier einen Vertrag **Hannibals,** des berühmten karthagischen Feld-herrn, mit seinem Bruder.
Falls Ihr Schul-Latein Löcher hat, übersetzt Ihnen Dr. Geyer gerne das Dokument.
Dazu ein neu entdeck-tes Kriegstagebuch aus Hannibals Nachlass. Und als Drittes diese hübsche antike Tonscherbe...
...mit zwei amtlich beglaubigten Portraits!
Sieht so aus, als hätten **wir beide** dem antiken Künstler Modell ge-sessen, stimmt's?
HANNIBAL
HASDRUBAL
Laut modernster Gesichtserkennungs-Software sind das zweifelsfrei unsere direkten Vorfahren.
Also: **Hannibal,** Feldherr und Führer Karthagos, schloss einst einen Handel mit seinem unge-liebten Halbbruder **Hasdrubal.**
Hasdrubal hoffte, so endlich am Reichtum seines Bruders teilzuhaben. Doch der Plan, seinen Bruder herauszufordern, erwies sich für Hasdrubal als verheerend...

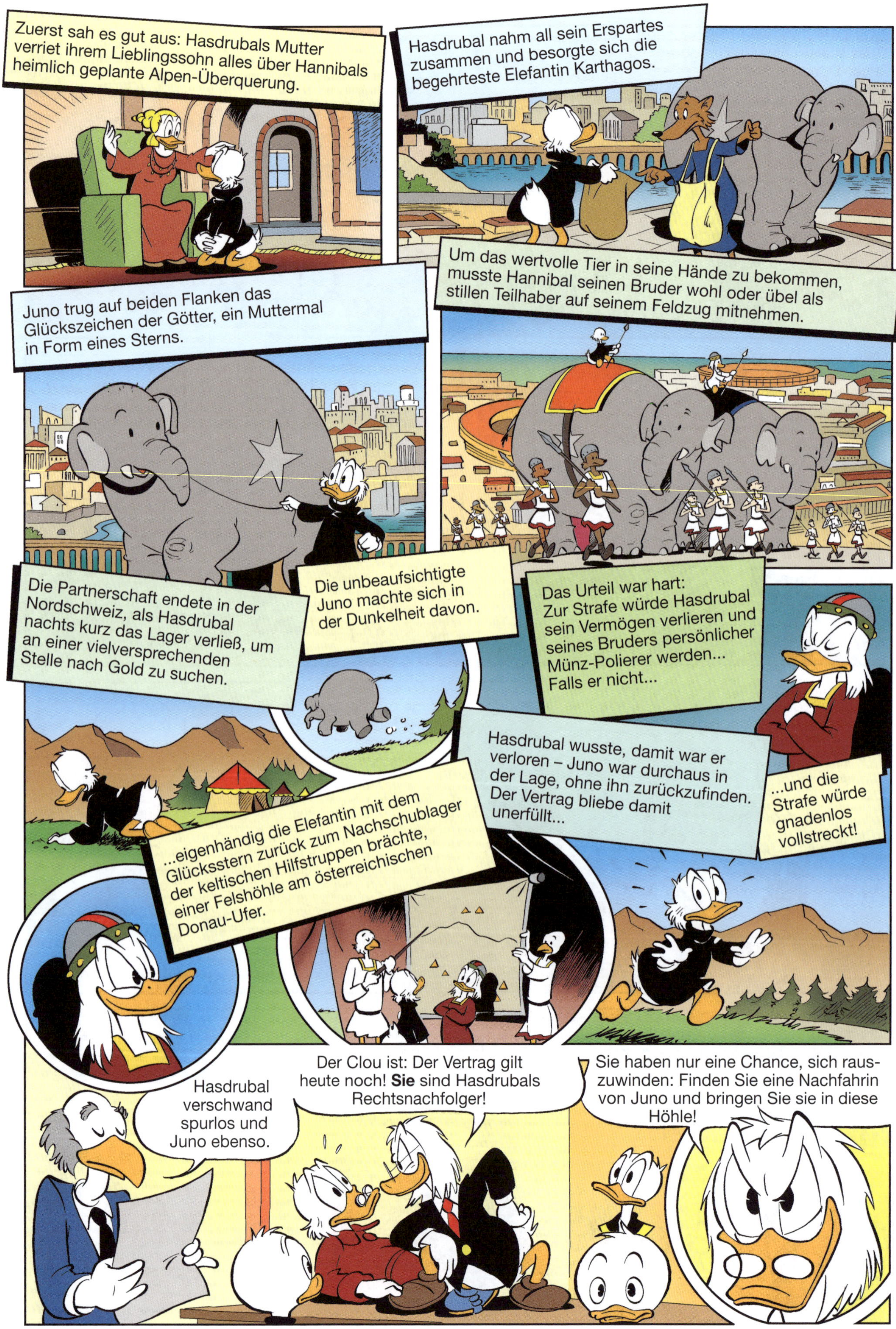
Zuerst sah es gut aus: Hasdrubals Mutter verriet ihrem Lieblingssohn alles über Hannibals heimlich geplante Alpen-Überquerung.
Hasdrubal nahm all sein Erspartes zusammen und besorgte sich die begehrteste Elefantin Karthagos.
Juno trug auf beiden Flanken das Glückszeichen der Götter, ein Muttermal in Form eines Sterns.
Um das wertvolle Tier in seine Hände zu bekommen, musste Hannibal seinen Bruder wohl oder übel als stillen Teilhaber auf seinem Feldzug mitnehmen.
Die Partnerschaft endete in der Nordschweiz, als Hasdrubal nachts kurz das Lager verließ, um an einer vielversprechenden Stelle nach Gold zu suchen.
Die unbeaufsichtigte Juno machte sich in der Dunkelheit davon.
Das Urteil war hart: Zur Strafe würde Hasdrubal sein Vermögen verlieren und seines Bruders persönlicher Münz-Polierer werden... Falls er nicht...
...eigenhändig die Elefantin mit dem Glücksstern zurück zum Nachschublager der keltischen Hilfstruppen brächte, einer Felshöhle am österreichischen Donau-Ufer.
Hasdrubal wusste, damit war er verloren – Juno war durchaus in der Lage, ohne ihn zurückzufinden. Der Vertrag bliebe damit unerfüllt...
...und die Strafe würde gnadenlos vollstreckt!
Hasdrubal verschwand spurlos und Juno ebenso.
Der Clou ist: Der Vertrag gilt heute noch! **Sie** sind Hasdrubals Rechtsnachfolger!
Sie haben nur eine Chance, sich rauszuwinden: Finden Sie eine Nachfahrin von Juno und bringen Sie sie in diese Höhle!

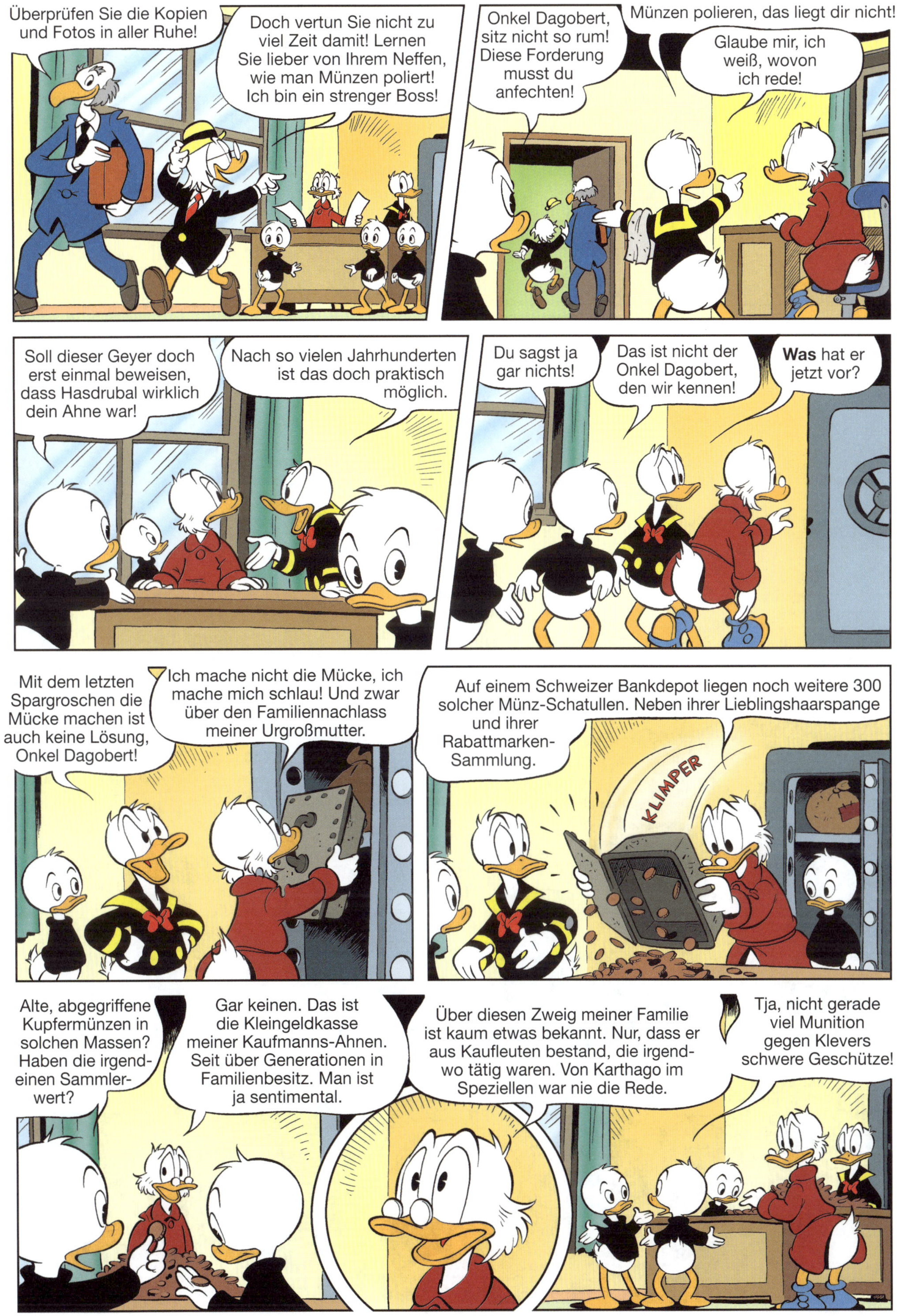

Überprüfen Sie die Kopien und Fotos in aller Ruhe!
Doch vertun Sie nicht zu viel Zeit damit! Lernen Sie lieber von Ihrem Neffen, wie man Münzen poliert! Ich bin ein strenger Boss!
Onkel Dagobert, sitz nicht so rum! Diese Forderung musst du anfechten!
Münzen polieren, das liegt dir nicht!
Glaube mir, ich weiß, wovon ich rede!
Soll dieser Geyer doch erst einmal beweisen, dass Hasdrubal wirklich dein Ahne war!
Nach so vielen Jahrhunderten ist das doch praktisch möglich.
Du sagst ja gar nichts!
Das ist nicht der Onkel Dagobert, den wir kennen!
Was hat er jetzt vor?
Mit dem letzten Spargroschen die Mücke machen ist auch keine Lösung, Onkel Dagobert!
Ich mache nicht die Mücke, ich mache mich schlau! Und zwar über den Familiennachlass meiner Urgroßmutter.
Auf einem Schweizer Bankdepot liegen noch weitere 300 solcher Münz-Schatullen. Neben ihrer Lieblingshaarspange und ihrer Rabattmarken-Sammlung.
KLIMPER
Alte, abgegriffene Kupfermünzen in solchen Massen? Haben die irgendeinen Sammlerwert?
Gar keinen. Das ist die Kleingeldkasse meiner Kaufmanns-Ahnen. Seit über Generationen in Familienbesitz. Man ist ja sentimental.
Über diesen Zweig meiner Familie ist kaum etwas bekannt. Nur, dass er aus Kaufleuten bestand, die irgendwo tätig waren. Von Karthago im Speziellen war nie die Rede.
Tja, nicht gerade viel Munition gegen Klevers schwere Geschütze!

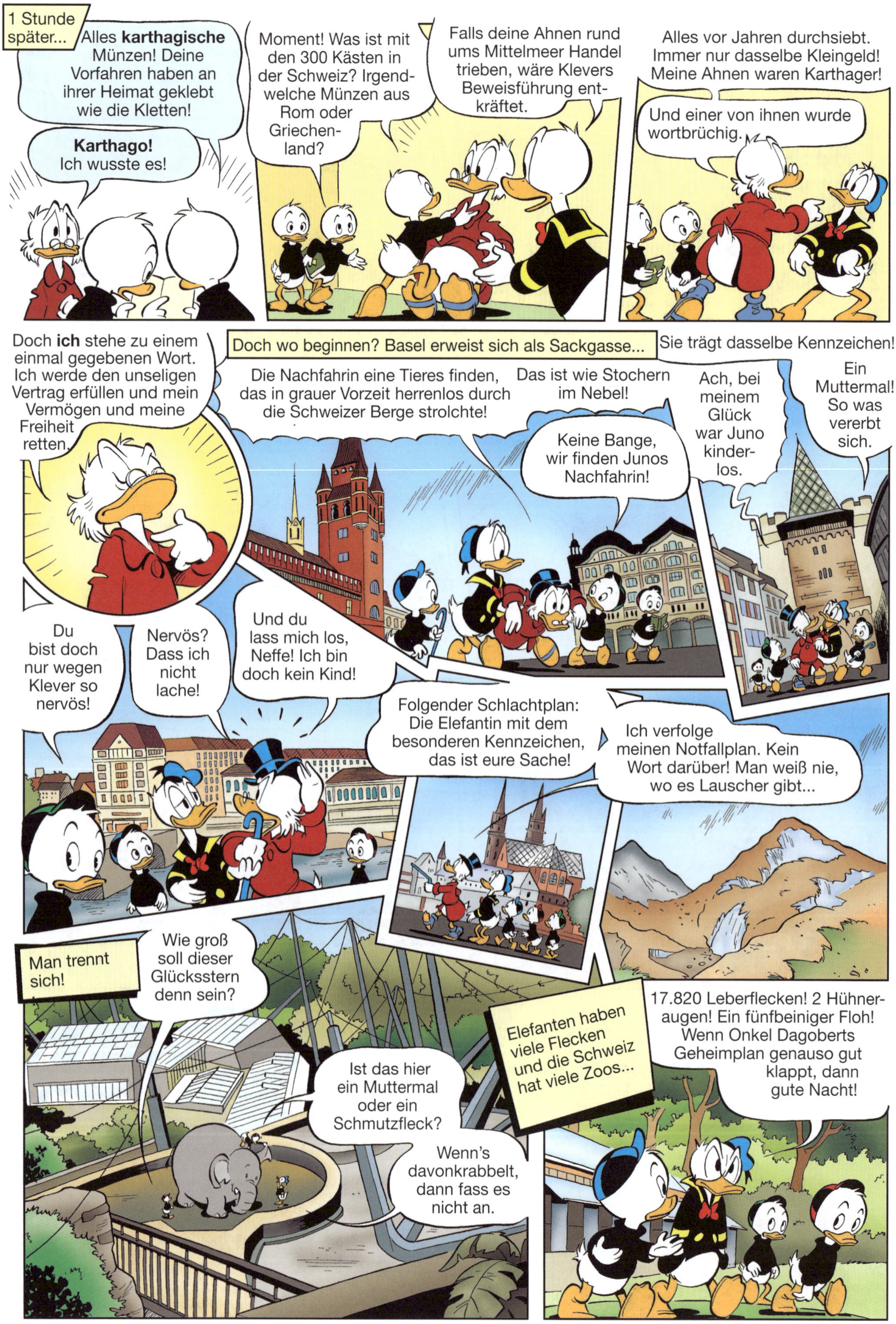
1 Stunde später...
Alles **karthagische** Münzen! Deine Vorfahren haben an ihrer Heimat geklebt wie die Kletten!
Karthago! Ich wusste es!
Moment! Was ist mit den 300 Kästen in der Schweiz? Irgendwelche Münzen aus Rom oder Griechenland?
Falls deine Ahnen rund ums Mittelmeer Handel trieben, wäre Klevers Beweisführung entkräftet.
Alles vor Jahren durchsiebt. Immer nur dasselbe Kleingeld! Meine Ahnen waren Karthager!
Und einer von ihnen wurde wortbrüchig.
Doch **ich** stehe zu einem einmal gegebenen Wort. Ich werde den unseligen Vertrag erfüllen und mein Vermögen und meine Freiheit retten.
Doch wo beginnen? Basel erweist sich als Sackgasse...
Die Nachfahrin eine Tieres finden, das in grauer Vorzeit herrenlos durch die Schweizer Berge strolchte!
Das ist wie Stochern im Nebel!
Keine Bange, wir finden Junos Nachfahrin!
Sie trägt dasselbe Kennzeichen!
Ach, bei meinem Glück war Juno kinderlos.
Ein Muttermal! So was vererbt sich.
Du bist doch nur wegen Klever so nervös!
Nervös? Dass ich nicht lache!
Und du lass mich los, Neffe! Ich bin doch kein Kind!
Folgender Schlachtplan: Die Elefantin mit dem besonderen Kennzeichen, das ist eure Sache!
Ich verfolge meinen Notfallplan. Kein Wort darüber! Man weiß nie, wo es Lauscher gibt...
Man trennt sich!
Wie groß soll dieser Glücksstern denn sein?
Ist das hier ein Muttermal oder ein Schmutzfleck?
Wenn's davonkrabbelt, dann fass es nicht an.
Elefanten haben viele Flecken und die Schweiz hat viele Zoos...
17.820 Leberflecken! 2 Hühneraugen! Ein fünfbeiniger Floh! Wenn Onkel Dagoberts Geheimplan genauso gut klappt, dann gute Nacht!

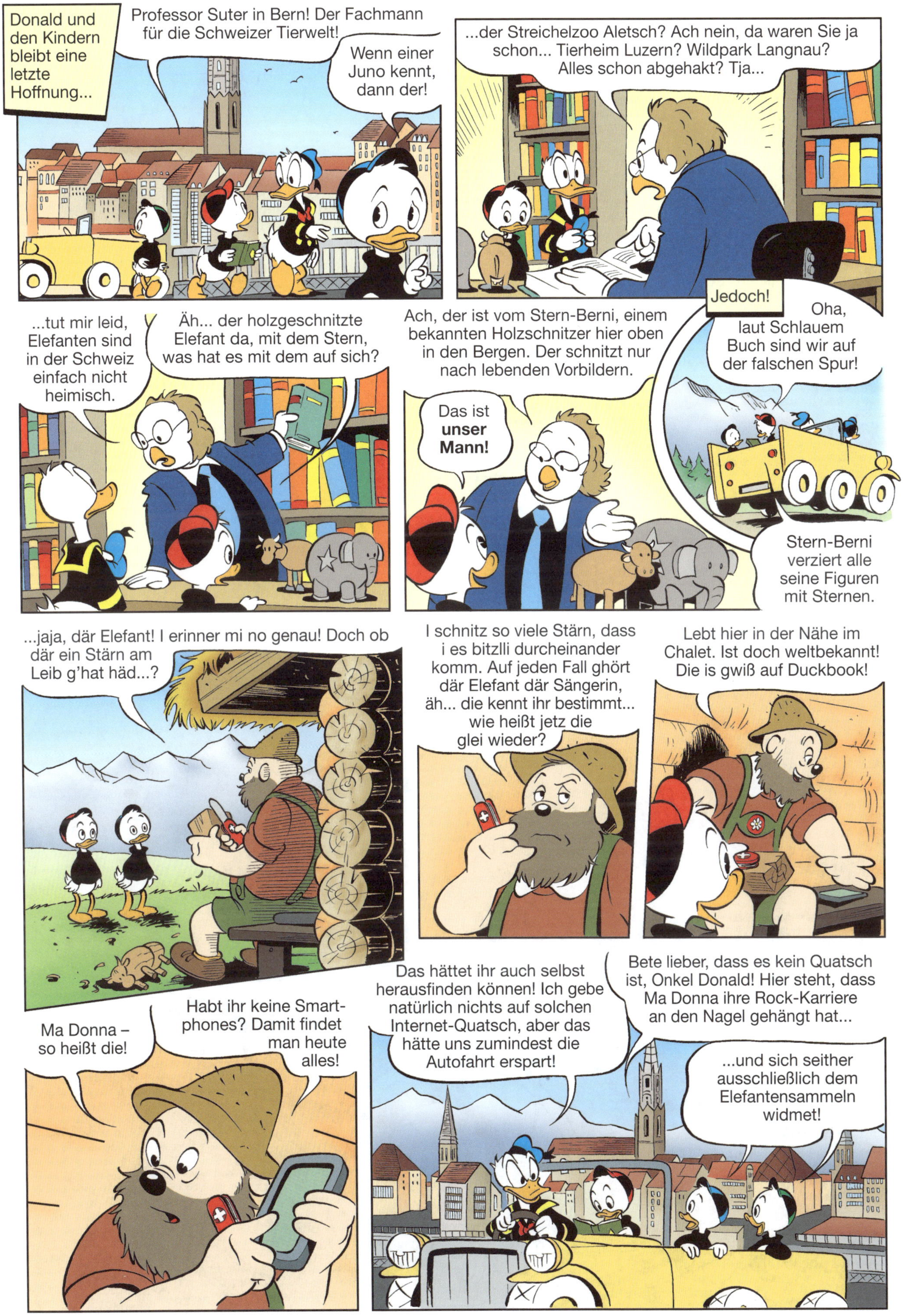

Donald und den Kindern bleibt eine letzte Hoffnung...
Professor Suter in Bern! Der Fachmann für die Schweizer Tierwelt!
Wenn einer Juno kennt, dann der!
...der Streichelzoo Aletsch? Ach nein, da waren Sie ja schon... Tierheim Luzern? Wildpark Langnau? Alles schon abgehakt? Tja...
Jedoch!
...tut mir leid, Elefanten sind in der Schweiz einfach nicht heimisch.
Äh... der holzgeschnitzte Elefant da, mit dem Stern, was hat es mit dem auf sich?
Ach, der ist vom Stern-Berni, einem bekannten Holzschnitzer hier oben in den Bergen. Der schnitzt nur nach lebenden Vorbildern.
Das ist **unser Mann!**
Oha, laut Schlauem Buch sind wir auf der falschen Spur!
Stern-Berni verziert alle seine Figuren mit Sternen.
...jaja, där Elefant! I erinner mi no genau! Doch ob där ein Stärn am Leib g'hat häd...?
I schnitz so viele Stärn, dass i es bitzlli durcheinander komm. Auf jeden Fall ghört där Elefant där Sängerin, äh... die kennt ihr bestimmt... wie heißt jetz die glei wieder?
Lebt hier in der Nähe im Chalet. Ist doch weltbekannt! Die is gwiß auf Duckbook!
Ma Donna – so heißt die!
Habt ihr keine Smart-phones? Damit findet man heute alles!
Das hättet ihr auch selbst herausfinden können! Ich gebe natürlich nichts auf solchen Internet-Quatsch, aber das hätte uns zumindest die Autofahrt erspart!
Bete lieber, dass es kein Quatsch ist, Onkel Donald! Hier steht, dass Ma Donna ihre Rock-Karriere an den Nagel gehängt hat...
...und sich seither ausschließlich dem Elefantensammeln widmet!

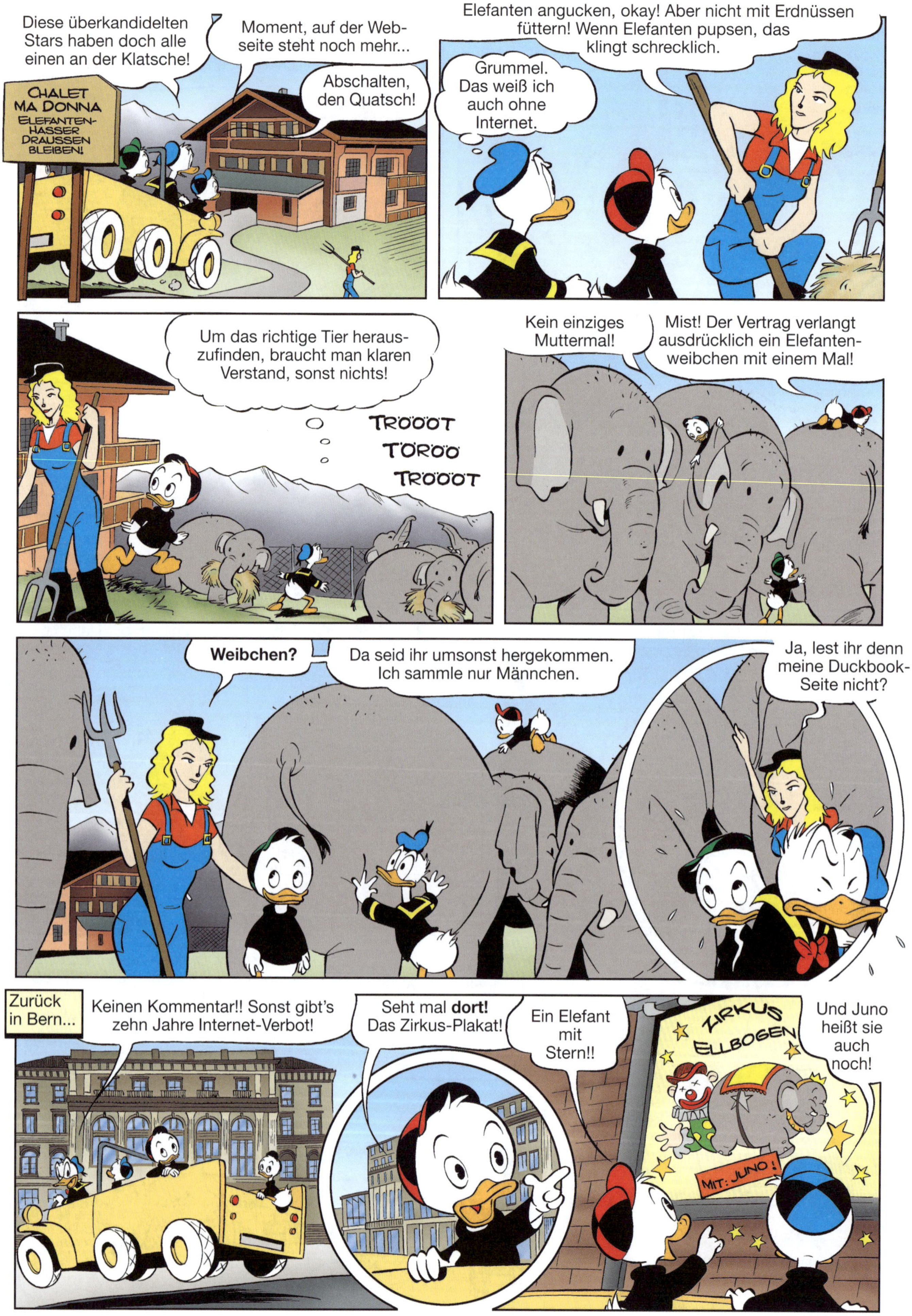

Diese überkandidelten Stars haben doch alle einen an der Klatsche!
Moment, auf der Webseite steht noch mehr...
Abschalten, den Quatsch!
CHALET MA DONNA
ELEFANTEN-HASSER DRAUSSEN BLEIBEN!
Elefanten angucken, okay! Aber nicht mit Erdnüssen füttern! Wenn Elefanten pupsen, das klingt schrecklich.
Grummel. Das weiß ich auch ohne Internet.
Um das richtige Tier herauszufinden, braucht man klaren Verstand, sonst nichts!
TRÖÖÖT
TÖRÖÖ
TRÖÖÖT
Kein einziges Muttermal!
Mist! Der Vertrag verlangt ausdrücklich ein Elefantenweibchen mit einem Mal!
Weibchen?
Da seid ihr umsonst hergekommen. Ich sammle nur Männchen.
Ja, lest ihr denn meine Duckbook-Seite nicht?
Zurück in Bern...
Keinen Kommentar!! Sonst gibt's zehn Jahre Internet-Verbot!
Seht mal **dort!** Das Zirkus-Plakat!
Ein Elefant mit Stern!!
ZIRKUS ELLBOGEN
MIT: JUNO!
Und Juno heißt sie auch noch!

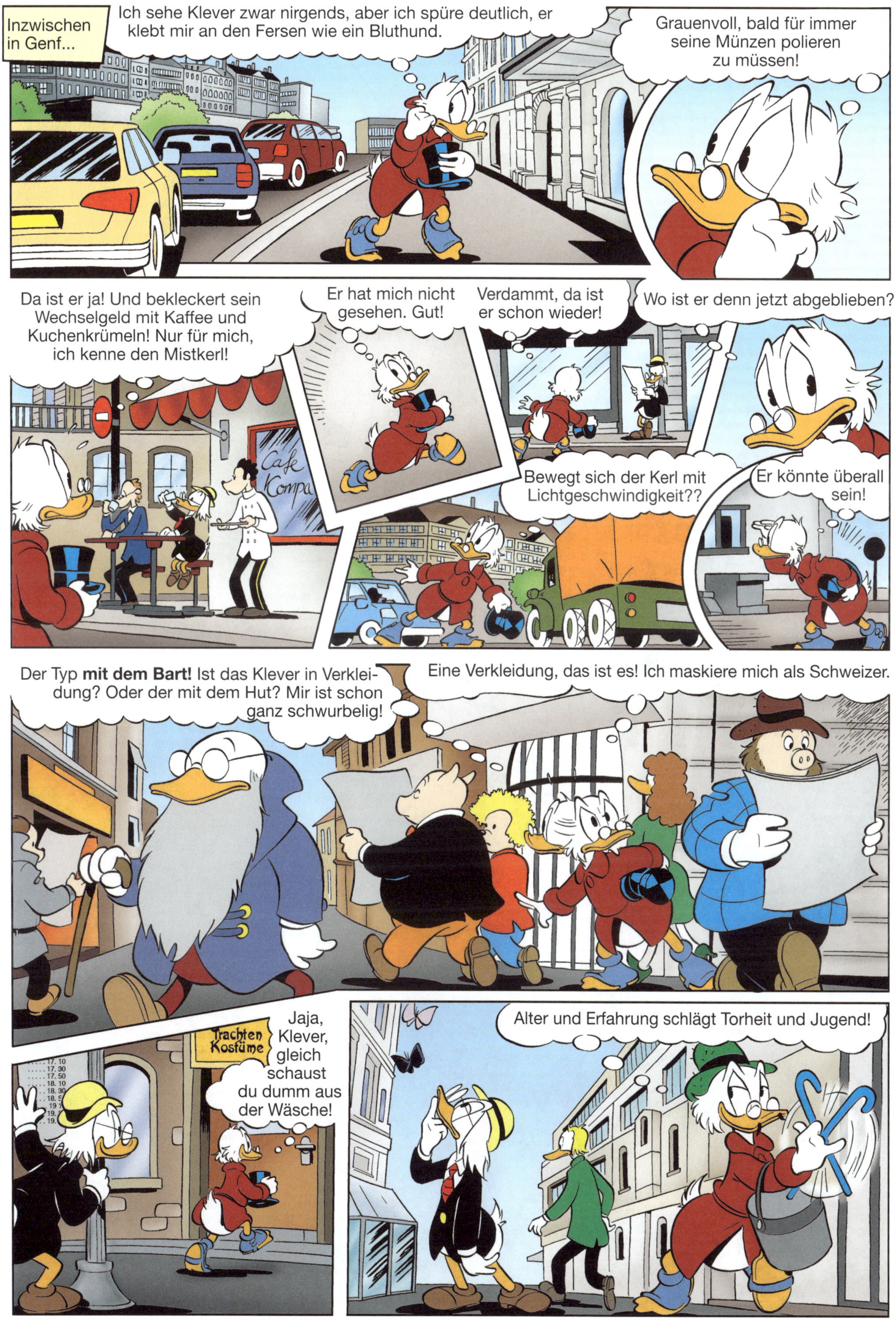

Inzwischen in Genf...
Ich sehe Klever zwar nirgends, aber ich spüre deutlich, er klebt mir an den Fersen wie ein Bluthund.
Grauenvoll, bald für immer seine Münzen polieren zu müssen!
Da ist er ja! Und bekleckert sein Wechselgeld mit Kaffee und Kuchenkrümeln! Nur für mich, ich kenne den Mistkerl!
Cafe Kompa
Er hat mich nicht gesehen. Gut!
Verdammt, da ist er schon wieder!
Wo ist er denn jetzt abgeblieben?
Bewegt sich der Kerl mit Lichtgeschwindigkeit??
Er könnte überall sein!
Der Typ **mit dem Bart!** Ist das Klever in Verkleidung? Oder der mit dem Hut? Mir ist schon ganz schwurbelig!
Eine Verkleidung, das ist es! Ich maskiere mich als Schweizer.
Trachten Kostüme
Jaja, Klever, gleich schaust du dumm aus der Wäsche!
Alter und Erfahrung schlägt Torheit und Jugend!

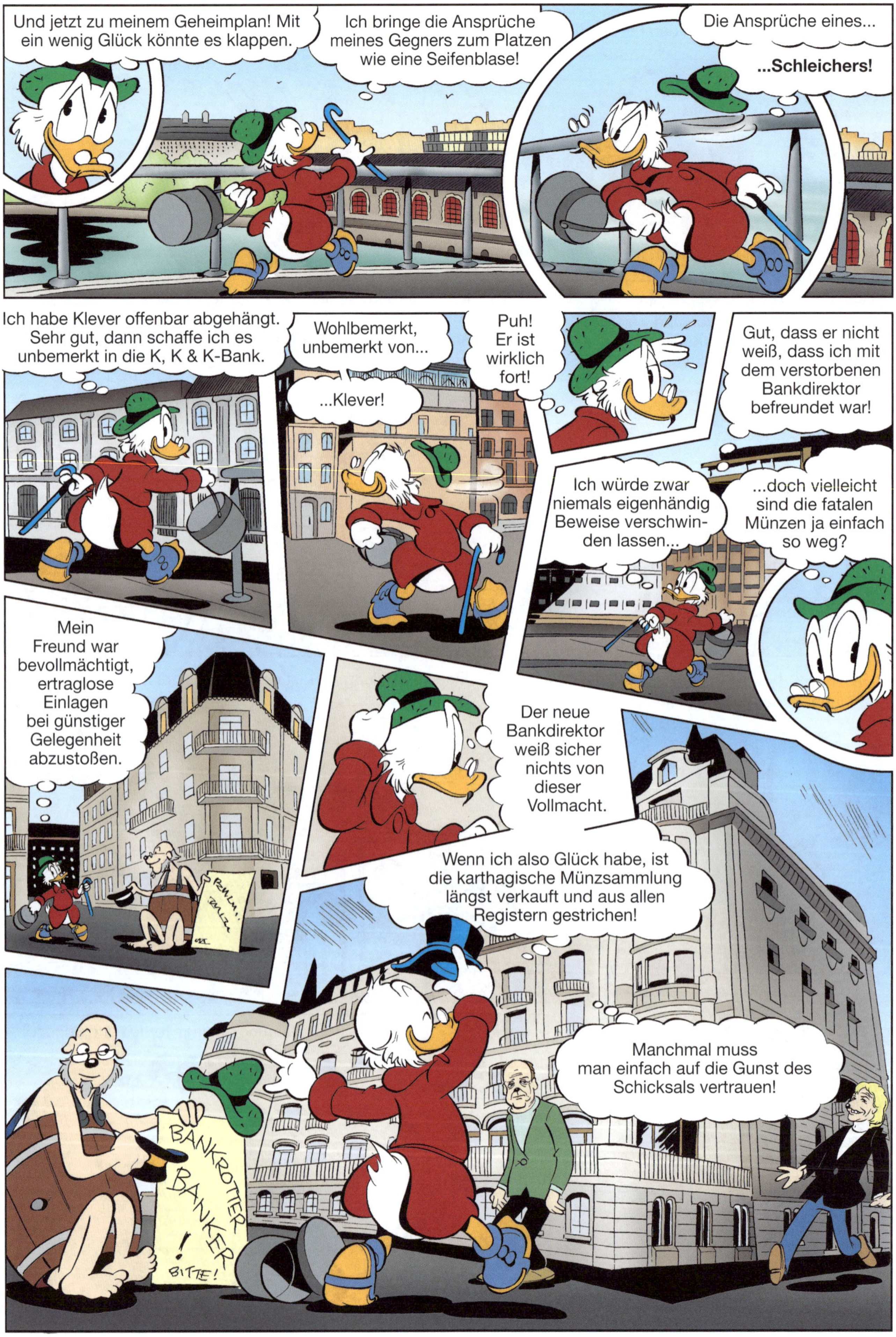
Und jetzt zu meinem Geheimplan! Mit ein wenig Glück könnte es klappen.
Ich bringe die Ansprüche meines Gegners zum Platzen wie eine Seifenblase!
Die Ansprüche eines...
...Schleichers!
Ich habe Klever offenbar abgehängt. Sehr gut, dann schaffe ich es unbemerkt in die K, K & K-Bank.
Wohlbemerkt, unbemerkt von...
...Klever!
Puh! Er ist wirklich fort!
Gut, dass er nicht weiß, dass ich mit dem verstorbenen Bankdirektor befreundet war!
Ich würde zwar niemals eigenhändig Beweise verschwinden lassen...
...doch vielleicht sind die fatalen Münzen ja einfach so weg?
Mein Freund war bevollmächtigt, ertraglose Einlagen bei günstiger Gelegenheit abzustoßen.
Der neue Bankdirektor weiß sicher nichts von dieser Vollmacht.
Wenn ich also Glück habe, ist die karthagische Münzsammlung längst verkauft und aus allen Registern gestrichen!
Manchmal muss man einfach auf die Gunst des Schicksals vertrauen!
BANKROTTER BANKER! BITTE!

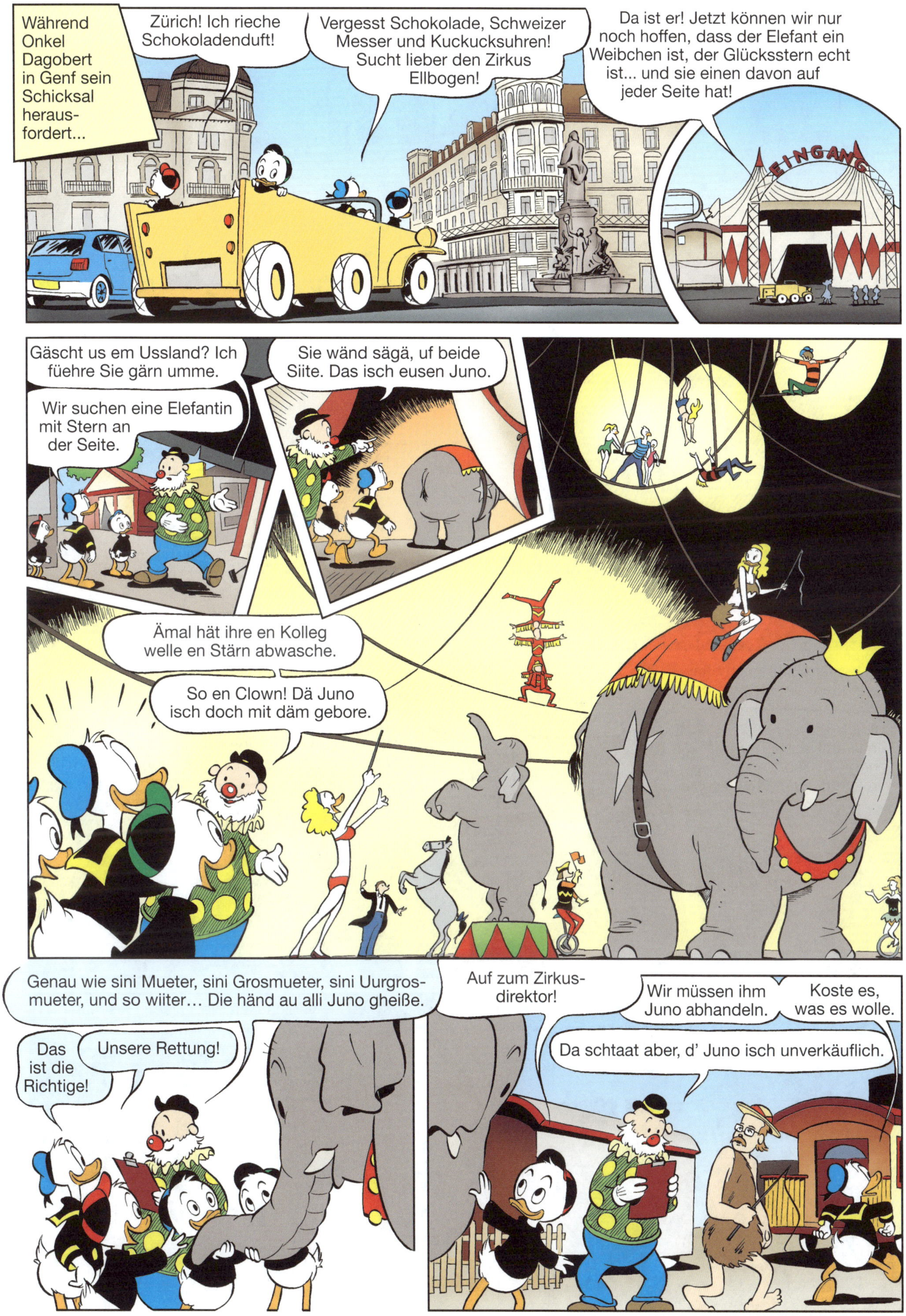
Während Onkel Dagobert in Genf sein Schicksal heraus-fordert...
Zürich! Ich rieche Schokoladenduft!
Vergesst Schokolade, Schweizer Messer und Kuckucksuhren! Sucht lieber den Zirkus Ellbogen!
Da ist er! Jetzt können wir nur noch hoffen, dass der Elefant ein Weibchen ist, der Glücksstern echt ist... und sie einen davon auf jeder Seite hat!
EINGANG
Gäscht us em Ussland? Ich füehre Sie gärn umme.
Wir suchen eine Elefantin mit Stern an der Seite.
Sie wänd sägä, uf beide Siite. Das isch eusen Juno.
Ämal hät ihre en Kolleg welle en Stärn abwasche.
So en Clown! Dä Juno isch doch mit däm gebore.
Genau wie sini Mueter, sini Grosmueter, sini Uurgros-mueter, und so wiiter... Die händ au alli Juno gheiße.
Das ist die Richtige!
Unsere Rettung!
Auf zum Zirkus-direktor!
Wir müssen ihm Juno abhandeln.
Koste es, was es wolle.
Da schtaat aber, d' Juno isch unverkäuflich.

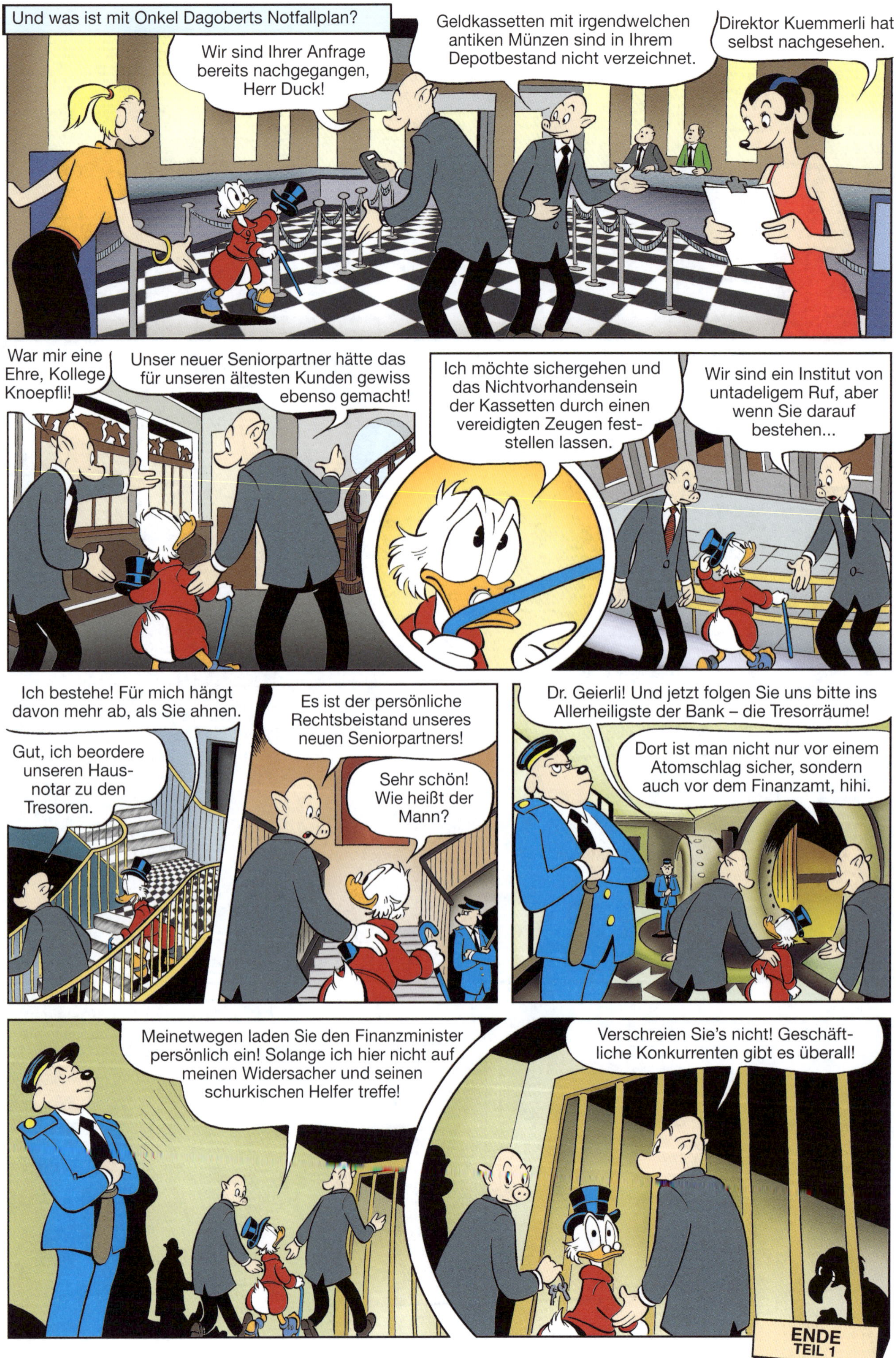
Und was ist mit Onkel Dagoberts Notfallplan?
Wir sind Ihrer Anfrage bereits nachgegangen, Herr Duck!
Geldkassetten mit irgendwelchen antiken Münzen sind in Ihrem Depotbestand nicht verzeichnet.
Direktor Kuemmerli hat selbst nachgesehen.
War mir eine Ehre, Kollege Knoepfli!
Unser neuer Seniorpartner hätte das für unseren ältesten Kunden gewiss ebenso gemacht!
Ich möchte sichergehen und das Nichtvorhandensein der Kassetten durch einen vereidigten Zeugen feststellen lassen.
Wir sind ein Institut von untadeligem Ruf, aber wenn Sie darauf bestehen...
Ich bestehe! Für mich hängt davon mehr ab, als Sie ahnen.
Gut, ich beordere unseren Hausnotar zu den Tresoren.
Es ist der persönliche Rechtsbeistand unseres neuen Seniorpartners!
Sehr schön! Wie heißt der Mann?
Dr. Geierli! Und jetzt folgen Sie uns bitte ins Allerheiligste der Bank – die Tresorräume!
Dort ist man nicht nur vor einem Atomschlag sicher, sondern auch vor dem Finanzamt, hihi.
Meinetwegen laden Sie den Finanzminister persönlich ein! Solange ich hier nicht auf meinen Widersacher und seinen schurkischen Helfer treffe!
Verschreien Sie's nicht! Geschäftliche Konkurrenten gibt es überall!
ENDE TEIL 1

Nr. 177

Zeitung für Entenhausen

ENTEN-KURIER

WAS IST GESCHEHEN? DIE BILDER VON UNSEREM LESER-REPORTER ZEIGEN ES:

Schoggi-Unfall

Schleckermäuler im Streit

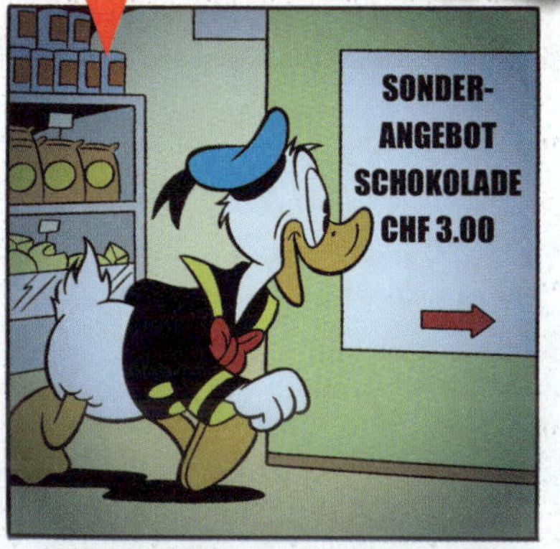

Donald D. erblickt ein Angebot.

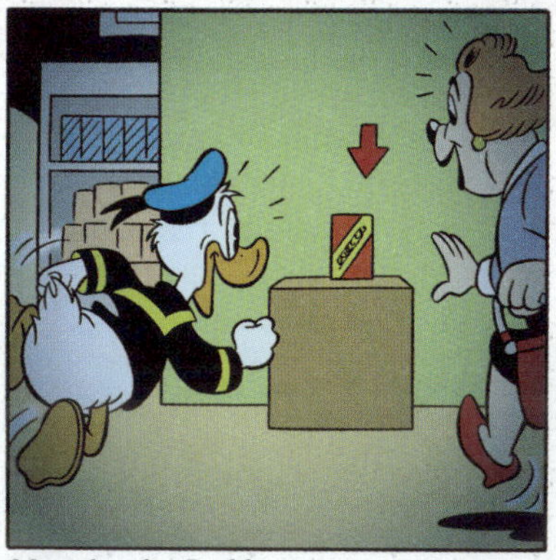

Man ahnt das Problem ...

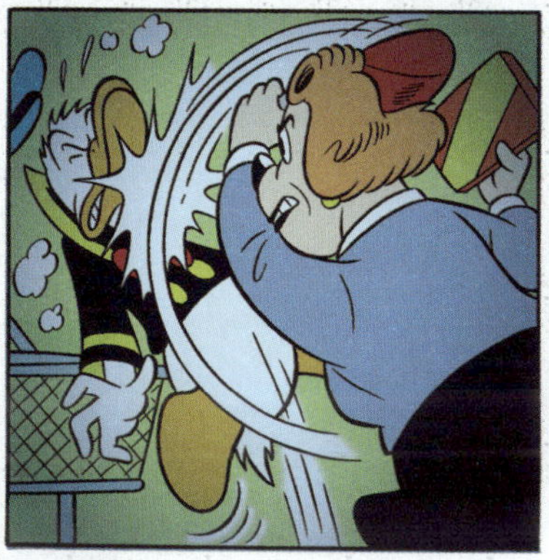

... und sieht es!

Fotos: Öhi von der Alm (5)

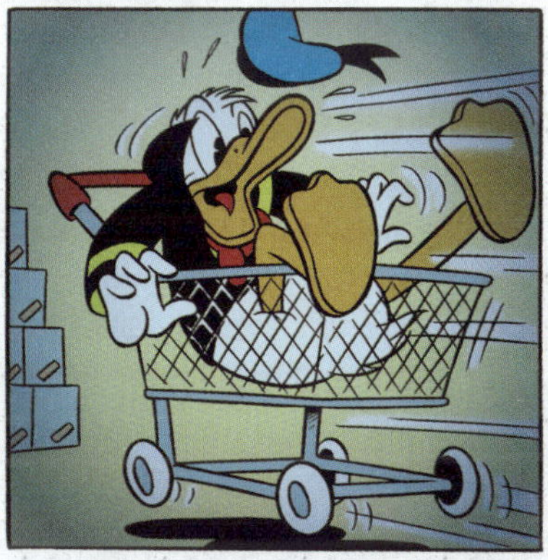

Wird ihm beim Rückwärtsfahren schlecht?

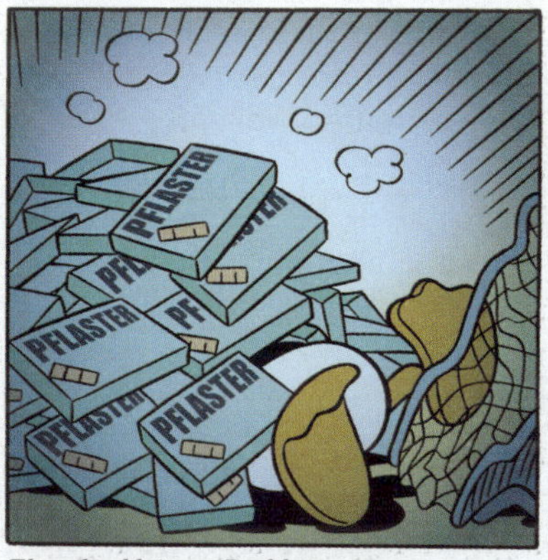

Eher das kleinere Problem.

Ah, echte Schweizer Schokolade zu einem schmackhaften Preis – da schlägt doch jedes Schleckermaulherz höher. So auch zu beobachten im Lädeli nahe Bern. Donald D. aus Entenhausen befand sich gerade auf der Durchreise. Das Angebot lockte ihn ins Geschäft. Zur selben Zeit zeigte auch Gertrud G. Interesse an der Spezialität. Das Dilemma: Nur noch eine einzige Tafel war übrig. „Ja Grüetzi, die Dame", begann D. freundlich. „Ja, so eine Grütze!", entgegnete die Angesprochene. „Ohne Schoggi werd' ich wild." Und zack – bekam der Erpel den Schnabel ordentlich voll. Leider nicht mit Süßem. Ein satter Hieb beförderte ihn in einen Einkaufswagen und mit voller Fahrt in einen Stapel Waren. Geschäftsführer Frank N. Schweizer hatte Mitleid. Donald D. durfte drei Packungen Verbandsmaterial behalten und bekam ein Bonbon als Trostpflaster. *(EK-Leserreporter: Öhi von der Alm)*

Wissenschaft

Dahu gesucht!

Seit Montag sucht ein Forscherteam in den Schweizer Alpen nach dem geheimnisvollen Dahu. Charakteristisch für das gemsenähnliche Tier sind seine Beine. Sie sind auf der einen Seiten kürzer als auf der anderen. So kann es besser am Berghang stehen. Schenkt man den Äußerungen der einheimischen Bevölkerung Glauben, lässt sich der Dahu nur während des Alpenglühens blicken. Bis heute gibt es keine Filmaufnahmen oder Fotografien von ihm, ganz zu schweigen von dem Glück, dass ein solches Tier jemals einem Menschen in die Falle gegangen wäre. (je)

Zitat der Woche

„Ich handle immer nur in meinem eigenen Interesse!"
(Dagobert Duck)

Polizei

Dreister Dieb

Dagobert Duck ist am Abend des 31. Oktober von der Polizei festgenommen worden. Er wurde wegen Erschleichung und Diebstahl von Süßigkeiten angezeigt. Der Milliardär hatte sich als Kürbis verkleidet unter die Kinder gemischt und war mit ihnen von Haus zu Haus gezogen, um Süßigkeiten zu ergattern. Dabei hatte er den Kindern angeboten, ihre Süßigkeiten zu tragen. Doch statt sie am Ende des Abends aufzuteilen, stahl er sich mit der vollen Tasche davon. Ein kleines Mädchen hatte den Milliardär an seinen markanten Gamaschen erkannt und ihn so auffliegen lassen. (je)

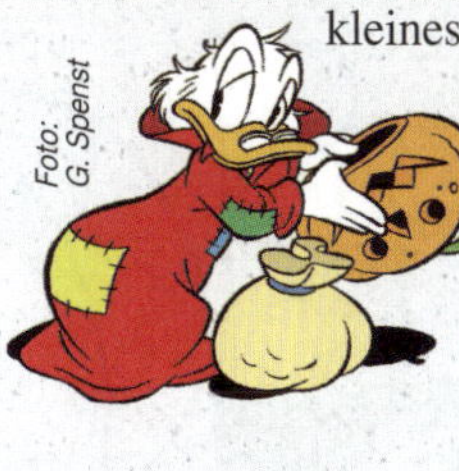

Foto: G. Spenst

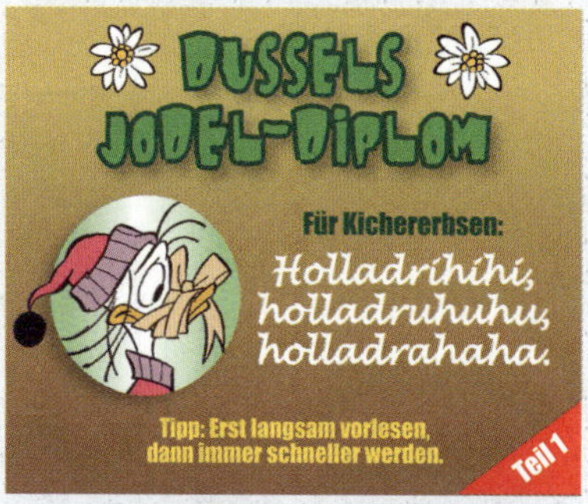

Suche

Verloren: roter Apfel mit Pfeil drin. Schreiben Sie an: W. Tell & Sohn, Altdorf, Schweiz

Die Familie Duck ist in den Alpen, genauer in der Schweiz. Wir sind ihnen

GRÜEZI MI

MORGESTRAICH! VORWÄRTS! MARSCH![3]

Die Basler Fasnacht beginnt am Montag nach Aschermittwoch mit dem sogenannten Morgestraich. Um 4 Uhr morgens werden alle Lichter in der Innenstadt ausgeschaltet. Von überall her kommen Menschen, die als Höllengeister und Kobolde verkleidet sind und den Winter vertreiben wollen.

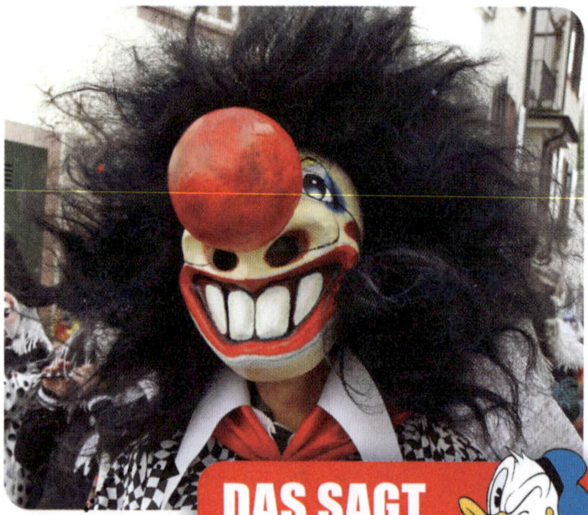

[3] So lautet der Karnevalsruf der Basler Fasnacht.

Besonders beliebt ist die Verkleidung als Waggis, die einen Elsässer Landarbeiter darstellt. Die Maske wird auch Larve genannt.

DAS SAGT DONALD

Uff! Das ist nichts für Frühaufsteher!

DIE SCHWEIZ

Wahlspruch: „Unus pro omnibus, omnes pro uno.“[1]

AMTSSPRACHEN: Deutsch, Französisch, Italienisch, Rätoromanisch

HAUPTSTADT: Bern

FLÄCHE: 41 285 km^2

EINWOHNER: 8 058 100[2]

WÄHRUNG: Schweizer Franken

AUTOKENNZEICHEN: CH

HÖCHSTER BERG: Dufourspitze (4634 Meter)

Gründung: Die Schweiz wurde am 1. August 1291 als „Ewiger Bund“ auf dem Rütli, einer Wiese am Vierwaldstätter See, gegründet.

[1] Das ist Lateinisch und bedeutet: „Einer für alle, alle für einen.“

[2] Quelle: Bundesamt für Statistik

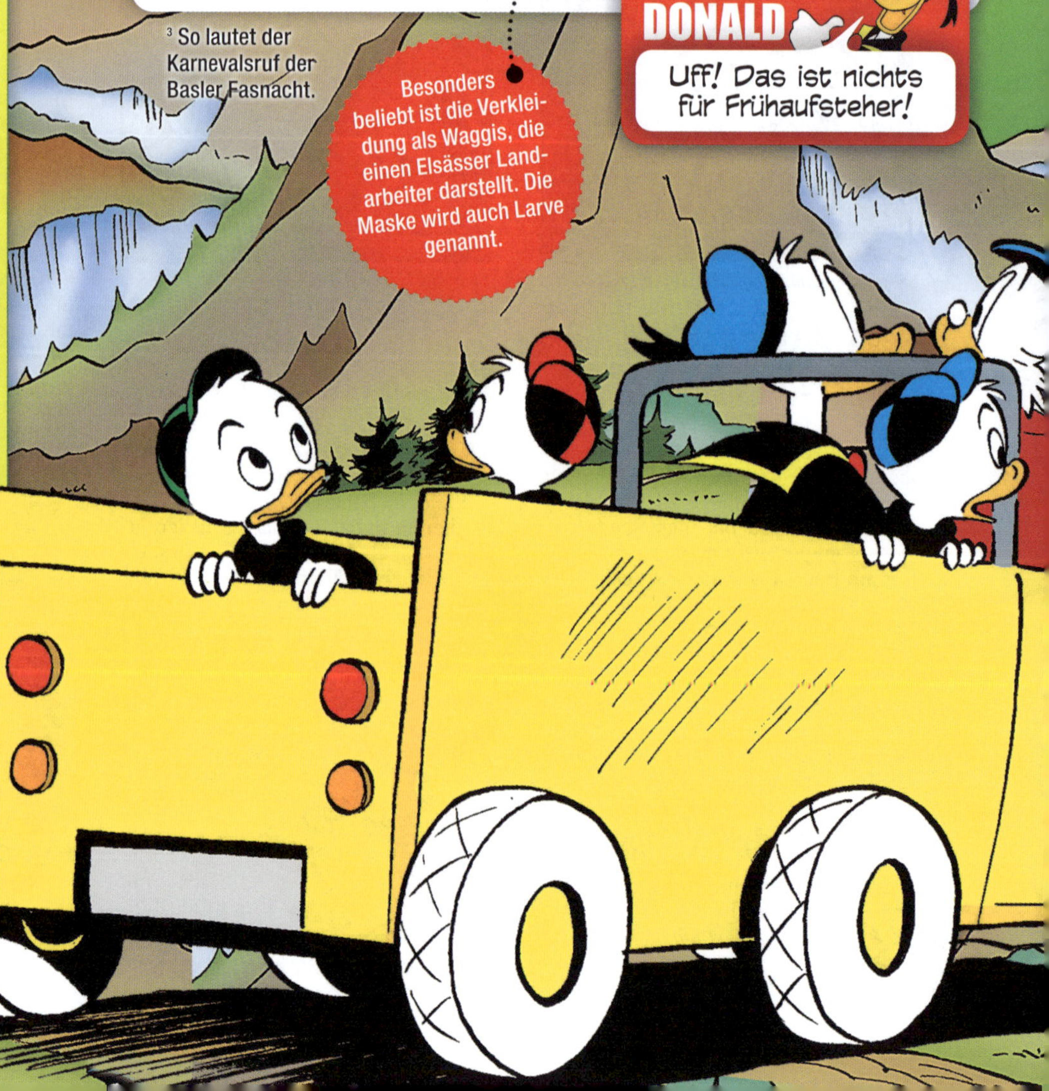

hinterhergereist und haben uns dort umgeschaut.

TENAND!*

TEIL 1

* GRÜSS EUCH!

MAGSCH Ä SCHOGGI?[4]

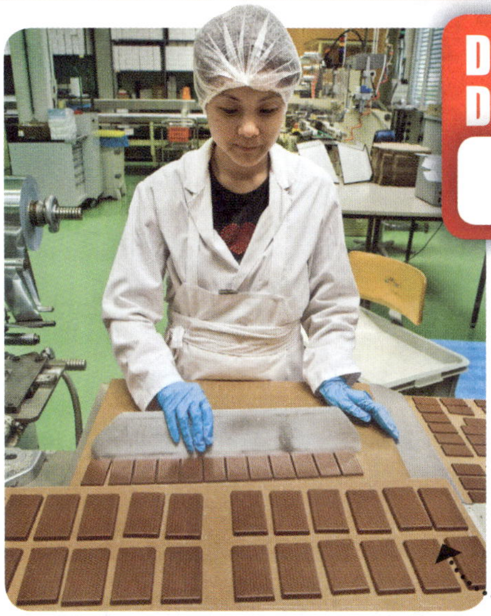

DAS SAGT DONALD

Schokolade? Her damit!

Vor über 200 Jahren, nämlich 1819, wurde die erste Schokoladenfabrik gegründet, in der Schokolade von Maschinen hergestellt wurde.

Nirgendwo sonst in Europa essen die Menschen so viel Schokolade wie in der Schweiz. Ungefähr 12 Kilogramm verzehren sie pro Kopf im Jahr. Kein Wunder! Die Schweizer sind Meister der Schokoladenherstellung. Sie haben die Milchschokolade, Haselnussschokolade und die gefüllte Schokolade erfunden.

[4] Das ist Schweizerdeutsch und bedeutet: „Willst du Schokolade?"

CHUNSCH DRUS?[5]

Grüezi. – Guten Tag.
Wi hasch's? – Wie geht's?
Es fägt. – Es macht Spaß.
Tönt guet. – Klingt gut.
Isch's guat gsi? – Hat es geschmeckt?
En guete. – Guten Appetit.

[5] Das ist Schweizerdeutsch und heißt „Verstehst du's?"

VO DE RIICHE MUESCH S SPARE LERÄ[6]

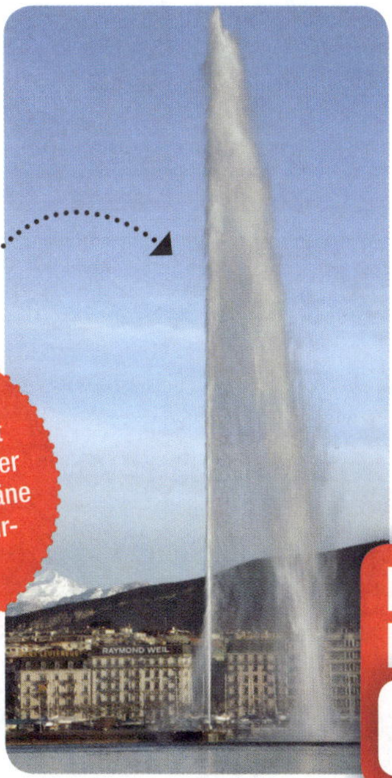

Die Schweiz ist nicht nur für Berge, Schokolade und Käse berühmt, sondern auch für ihre Banken. Die Schweizer haben nämlich ein ganz besonders strenges Bankgeheimnis. Es stellt sicher, dass niemand erfährt, wer in der Schweiz ein Konto hat und wie viel Geld sich darauf befindet. Besonders viele und wichtige Banken befinden sich in Genf und Zürich.

Der Springbrunnen im Genfer See mit der bis zu 140 Meter hohen Wasserfontäne ist eines der Wahrzeichen von Genf.

DAS SAGT DONALD

Hier würde sich Onkel Dagobert wohl fühlen.

[6] Dieses Schweizer Sprichwort heißt übersetzt: „Von den Reichen musst du das Sparen lernen."

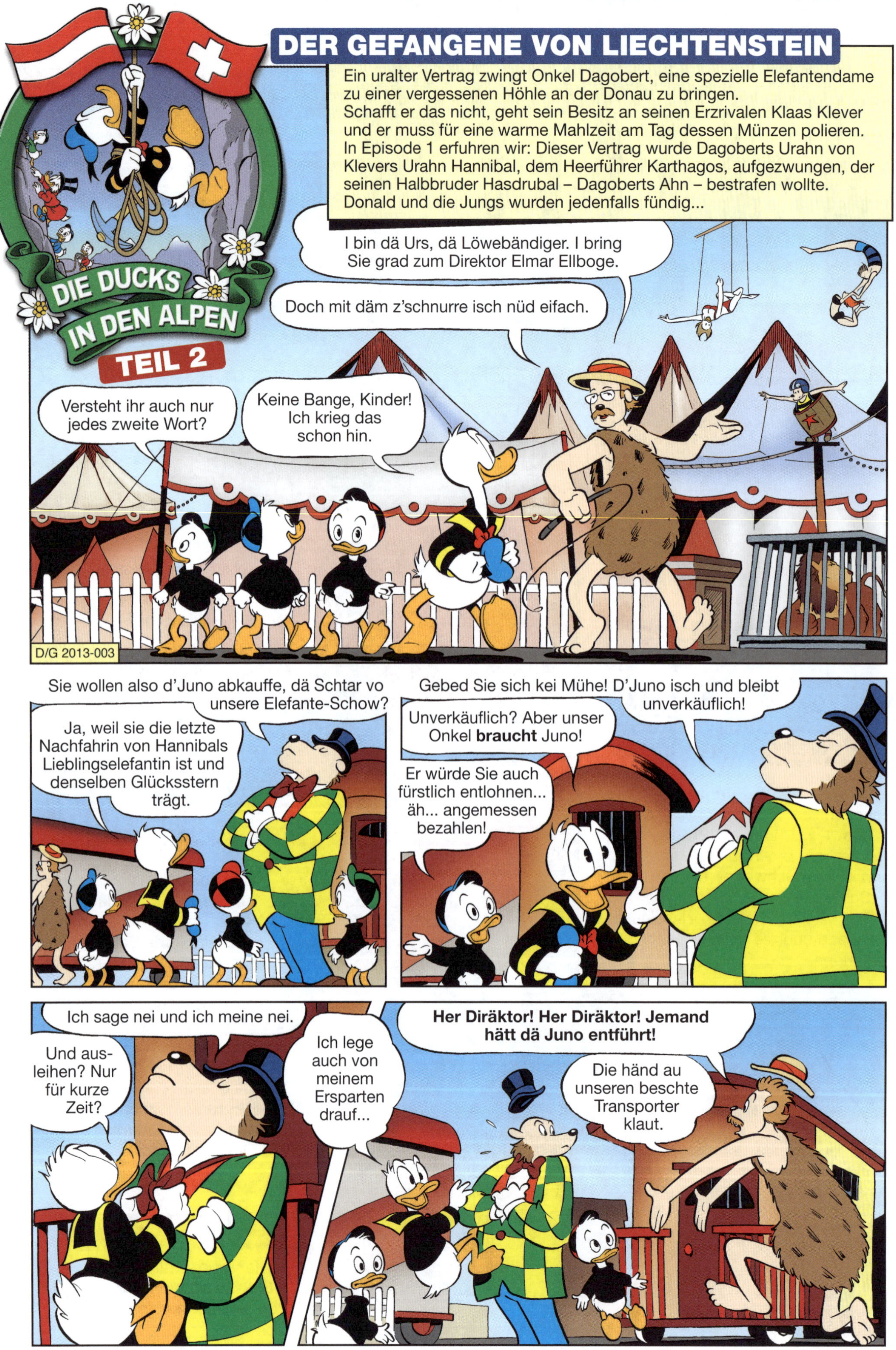
DIE DUCKS IN DEN ALPEN
TEIL 2
DER GEFANGENE VON LIECHTENSTEIN
Ein uralter Vertrag zwingt Onkel Dagobert, eine spezielle Elefantendame zu einer vergessenen Höhle an der Donau zu bringen. Schafft er das nicht, geht sein Besitz an seinen Erzrivalen Klaas Klever und er muss für eine warme Mahlzeit am Tag dessen Münzen polieren. In Episode 1 erfuhren wir: Dieser Vertrag wurde Dagoberts Urahn von Klevers Urahn Hannibal, dem Heerführer Karthagos, aufgezwungen, der seinen Halbbruder Hasdrubal – Dagoberts Ahn – bestrafen wollte. Donald und die Jungs wurden jedenfalls fündig...
I bin dä Urs, dä Löwebändiger. I bring Sie grad zum Direktor Elmar Ellboge.
Doch mit däm z'schnurre isch nüd eifach.
Versteht ihr auch nur jedes zweite Wort?
Keine Bange, Kinder! Ich krieg das schon hin.
D/G 2013-003
Sie wollen also d'Juno abkauffe, dä Schtar vo unsere Elefante-Schow?
Ja, weil sie die letzte Nachfahrin von Hannibals Lieblingselefantin ist und denselben Glücksstern trägt.
Gebed Sie sich kei Mühe! D'Juno isch und bleibt unverkäuflich!
Unverkäuflich? Aber unser Onkel **braucht** Juno!
Er würde Sie auch fürstlich entlohnen... äh... angemessen bezahlen!
Ich sage nei und ich meine nei.
Und ausleihen? Nur für kurze Zeit?
Ich lege auch von meinem Ersparten drauf...
Her Diräktor! Her Diräktor! Jemand hätt dä Juno entführt!
Die händ au unseren beschte Transporter klaut.

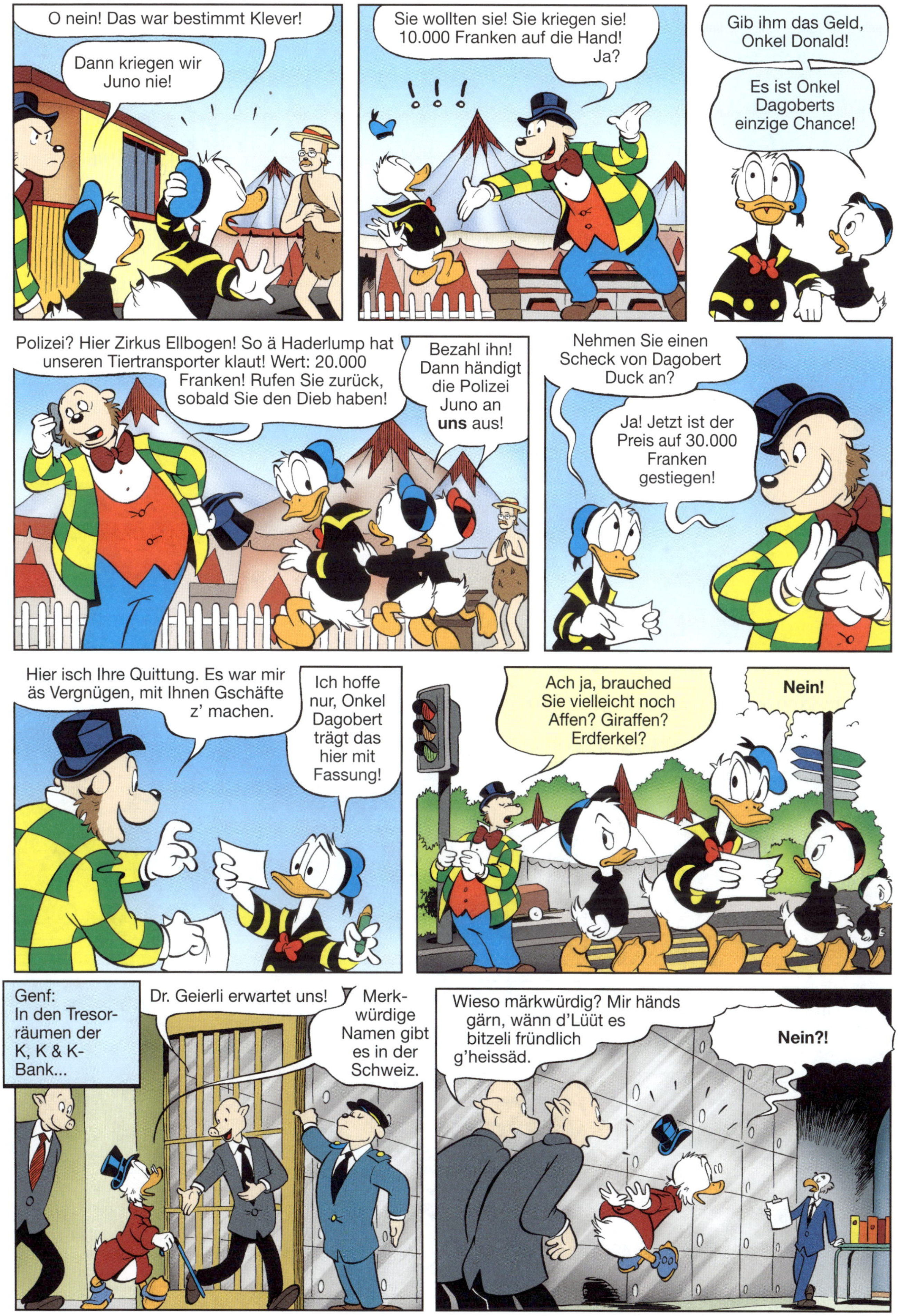

O nein! Das war bestimmt Klever!
Dann kriegen wir Juno nie!
Sie wollten sie! Sie kriegen sie! 10.000 Franken auf die Hand! Ja?
! ! !
Gib ihm das Geld, Onkel Donald!
Es ist Onkel Dagoberts einzige Chance!
Polizei? Hier Zirkus Ellbogen! So ä Haderlump hat unseren Tiertransporter klaut! Wert: 20.000 Franken! Rufen Sie zurück, sobald Sie den Dieb haben!
Bezahl ihn! Dann händigt die Polizei Juno an **uns** aus!
Nehmen Sie einen Scheck von Dagobert Duck an?
Ja! Jetzt ist der Preis auf 30.000 Franken gestiegen!
Hier isch Ihre Quittung. Es war mir äs Vergnügen, mit Ihnen Gschäfte z' machen.
Ich hoffe nur, Onkel Dagobert trägt das hier mit Fassung!
Ach ja, brauched Sie vielleicht noch Affen? Giraffen? Erdferkel?
Nein!
Genf: In den Tresorräumen der K, K & K-Bank...
Dr. Geierli erwartet uns!
Merkwürdige Namen gibt es in der Schweiz.
Wieso märkwürdig? Mir händs gärn, wänn d'Lüüt es bitzeli fründlich g'heissäd.
Nein?!

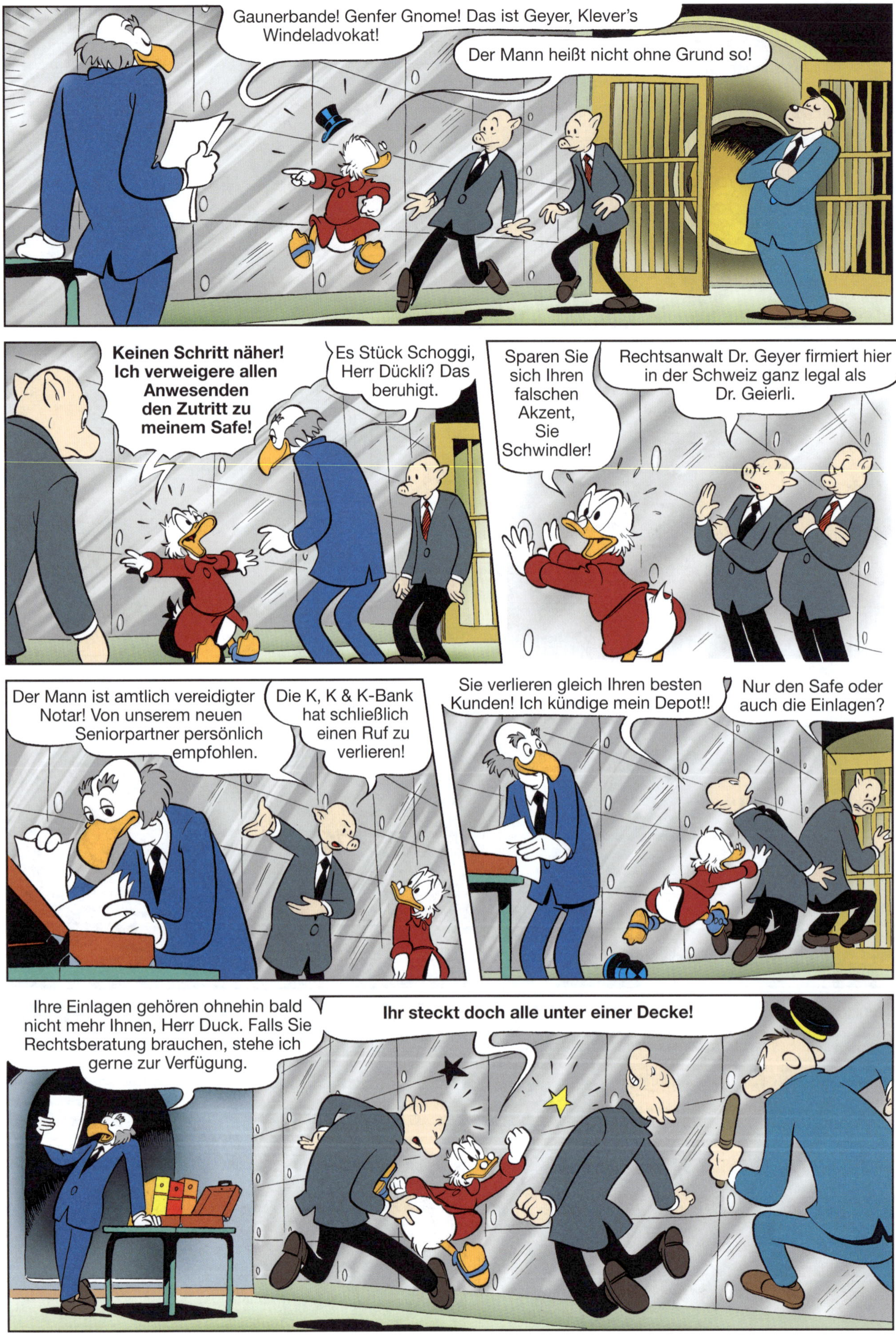

Gaunerbande! Genfer Gnome! Das ist Geyer, Klever's Windeladvokat!
Der Mann heißt nicht ohne Grund so!
Keinen Schritt näher! Ich verweigere allen Anwesenden den Zutritt zu meinem Safe!
Es Stück Schoggi, Herr Dückli? Das beruhigt.
Sparen Sie sich Ihren falschen Akzent, Sie Schwindler!
Rechtsanwalt Dr. Geyer firmiert hier in der Schweiz ganz legal als Dr. Geierli.
Der Mann ist amtlich vereidigter Notar! Von unserem neuen Seniorpartner persönlich empfohlen.
Die K, K & K-Bank hat schließlich einen Ruf zu verlieren!
Sie verlieren gleich Ihren besten Kunden! Ich kündige mein Depot!!
Nur den Safe oder auch die Einlagen?
Ihre Einlagen gehören ohnehin bald nicht mehr Ihnen, Herr Duck. Falls Sie Rechtsberatung brauchen, stehe ich gerne zur Verfügung.
Ihr steckt doch alle unter einer Decke!

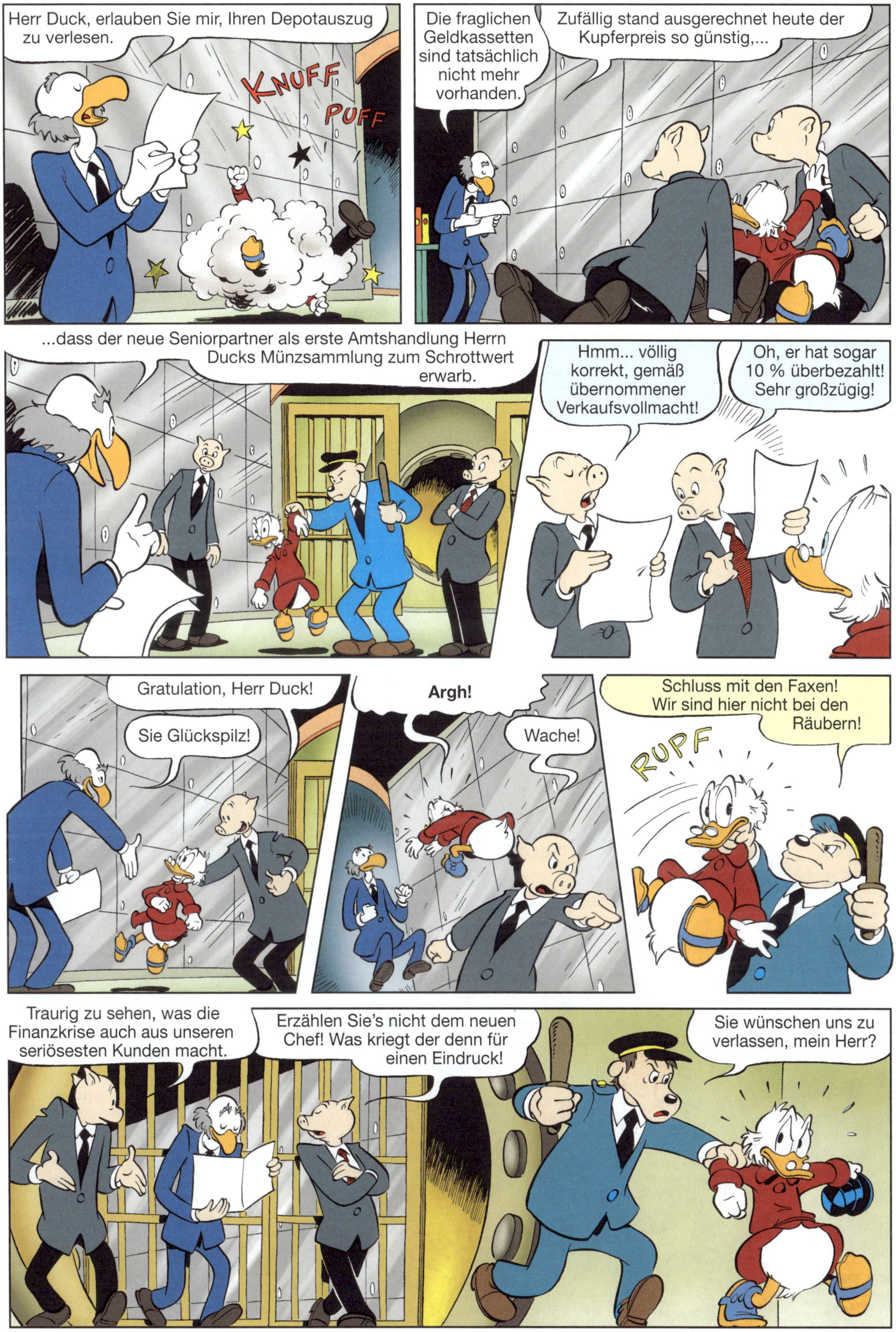
Herr Duck, erlauben Sie mir, Ihren Depotauszug zu verlesen.
KNUFF
PUFF
Die fraglichen Geldkassetten sind tatsächlich nicht mehr vorhanden.
Zufällig stand ausgerechnet heute der Kupferpreis so günstig,...
...dass der neue Seniorpartner als erste Amtshandlung Herrn Ducks Münzsammlung zum Schrottwert erwarb.
Hmm... völlig korrekt, gemäß übernommener Verkaufsvollmacht!
Oh, er hat sogar 10 % überbezahlt! Sehr großzügig!
Gratulation, Herr Duck!
Sie Glückspilz!
Argh!
Wache!
Schluss mit den Faxen! Wir sind hier nicht bei den Räubern!
RUPF
Traurig zu sehen, was die Finanzkrise auch aus unseren seriösesten Kunden macht.
Erzählen Sie's nicht dem neuen Chef! Was kriegt der denn für einen Eindruck!
Sie wünschen uns zu verlassen, mein Herr?

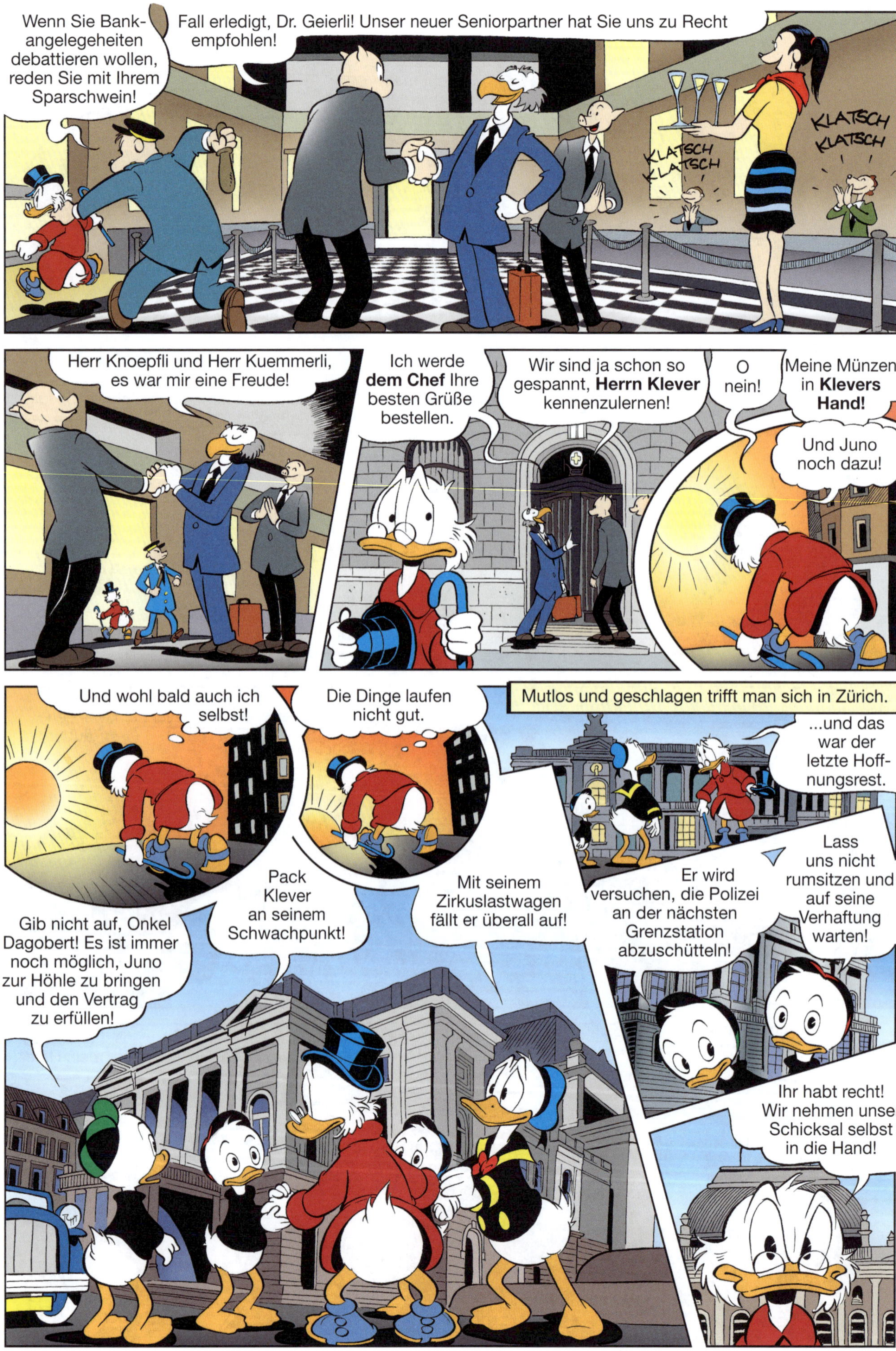

Wenn Sie Bankangelegeheiten debattieren wollen, reden Sie mit Ihrem Sparschwein!
Fall erledigt, Dr. Geierli! Unser neuer Seniorpartner hat Sie uns zu Recht empfohlen!
KLATSCH KLATSCH
KLATSCH KLATSCH
Herr Knoepfli und Herr Kuemmerli, es war mir eine Freude!
Ich werde **dem Chef** Ihre besten Grüße bestellen.
Wir sind ja schon so gespannt, **Herrn Klever** kennenzulernen!
O nein!
Meine Münzen in **Klevers Hand!**
Und Juno noch dazu!
Und wohl bald auch ich selbst!
Die Dinge laufen nicht gut.
Mutlos und geschlagen trifft man sich in Zürich.
...und das war der letzte Hoffnungsrest.
Gib nicht auf, Onkel Dagobert! Es ist immer noch möglich, Juno zur Höhle zu bringen und den Vertrag zu erfüllen!
Pack Klever an seinem Schwachpunkt!
Mit seinem Zirkuslastwagen fällt er überall auf!
Er wird versuchen, die Polizei an der nächsten Grenzstation abzuschütteln!
Lass uns nicht rumsitzen und auf seine Verhaftung warten!
Ihr habt recht! Wir nehmen unser Schicksal selbst in die Hand!

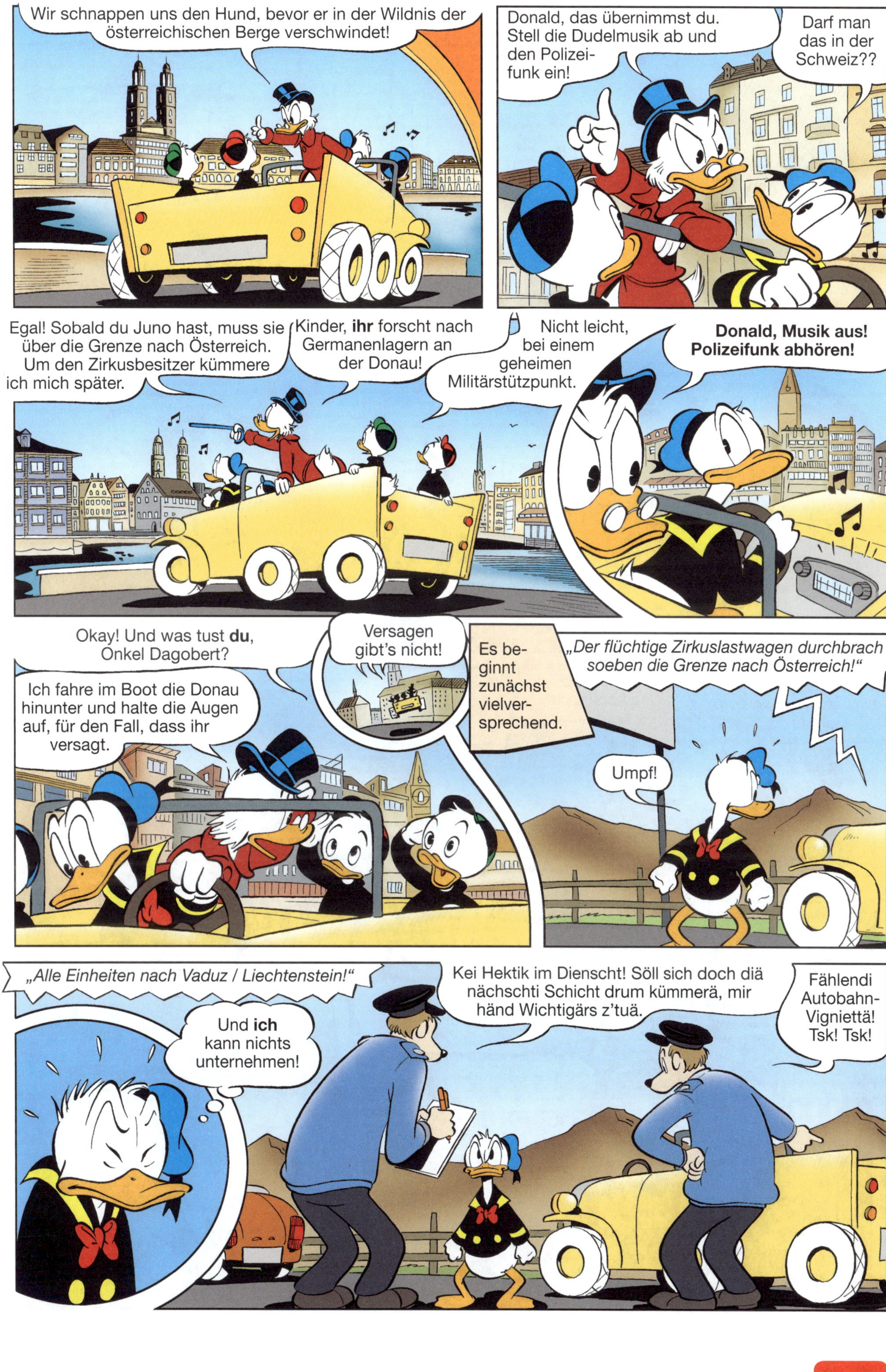
Wir schnappen uns den Hund, bevor er in der Wildnis der österreichischen Berge verschwindet!
Donald, das übernimmst du. Stell die Dudelmusik ab und den Polizeifunk ein!
Darf man das in der Schweiz??
Egal! Sobald du Juno hast, muss sie über die Grenze nach Österreich. Um den Zirkusbesitzer kümmere ich mich später.
Kinder, **ihr** forscht nach Germanenlagern an der Donau!
Nicht leicht, bei einem geheimen Militärstützpunkt.
Donald, Musik aus! Polizeifunk abhören!
Okay! Und was tust **du**, Onkel Dagobert?
Ich fahre im Boot die Donau hinunter und halte die Augen auf, für den Fall, dass ihr versagt.
Versagen gibt's nicht!
Es beginnt zunächst vielversprechend.
„Der flüchtige Zirkuslastwagen durchbrach soeben die Grenze nach Österreich!“
Umpf!
„Alle Einheiten nach Vaduz / Liechtenstein!“
Und **ich** kann nichts unternehmen!
Kei Hektik im Dienscht! Söll sich doch diä nächschti Schicht drum kümmerä, mir händ Wichtigärs z'tuä.
Fählendi Autobahn-Vignietä! Tsk! Tsk!

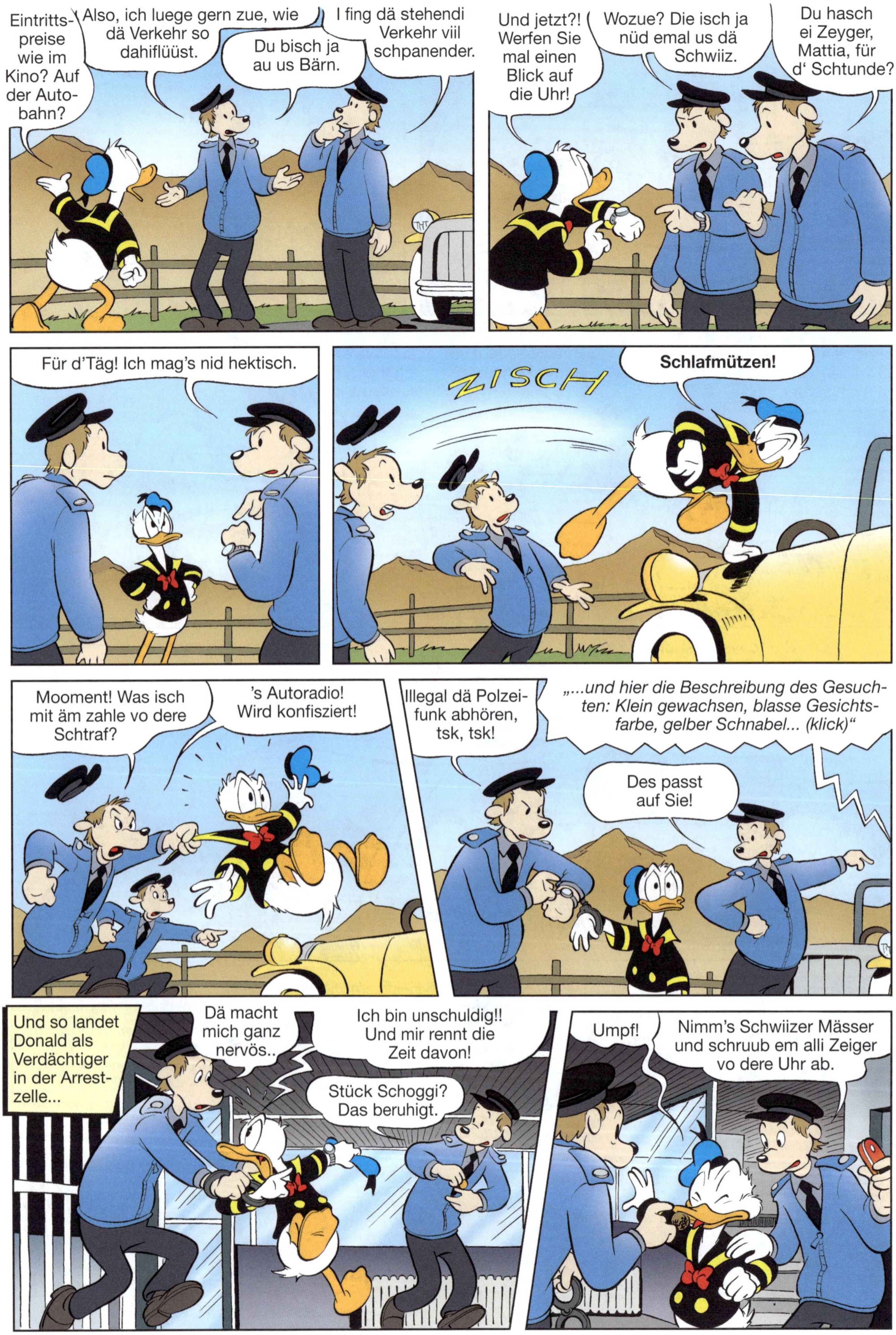

Eintritts-preise wie im Kino? Auf der Auto-bahn?
Also, ich luege gern zue, wie dä Verkehr so dahiflüüst.
Du bisch ja au us Bärn.
I fing dä stehendi Verkehr viil schpanender.
Und jetzt?! Werfen Sie mal einen Blick auf die Uhr!
Wozue? Die isch ja nüd emal us dä Schwiiz.
Du hasch ei Zeyger, Mattia, für d' Schtunde?
Für d'Täg! Ich mag's nid hektisch.
ZISCH
Schlafmützen!
Mooment! Was isch mit äm zahle vo dere Schtraf?
's Autoradio! Wird konfisziert!
Illegal dä Polzei-funk abhören, tsk, tsk!
„...und hier die Beschreibung des Gesuch-ten: Klein gewachsen, blasse Gesichts-farbe, gelber Schnabel... (klick)“
Des passt auf Sie!
Und so landet Donald als Verdächtiger in der Arrest-zelle...
Dä macht mich ganz nervös..
Ich bin unschuldig!! Und mir rennt die Zeit davon!
Stück Schoggi? Das beruhigt.
Umpf!
Nimm's Schwiizer Mässer und schruub em alli Zeiger vo dere Uhr ab.

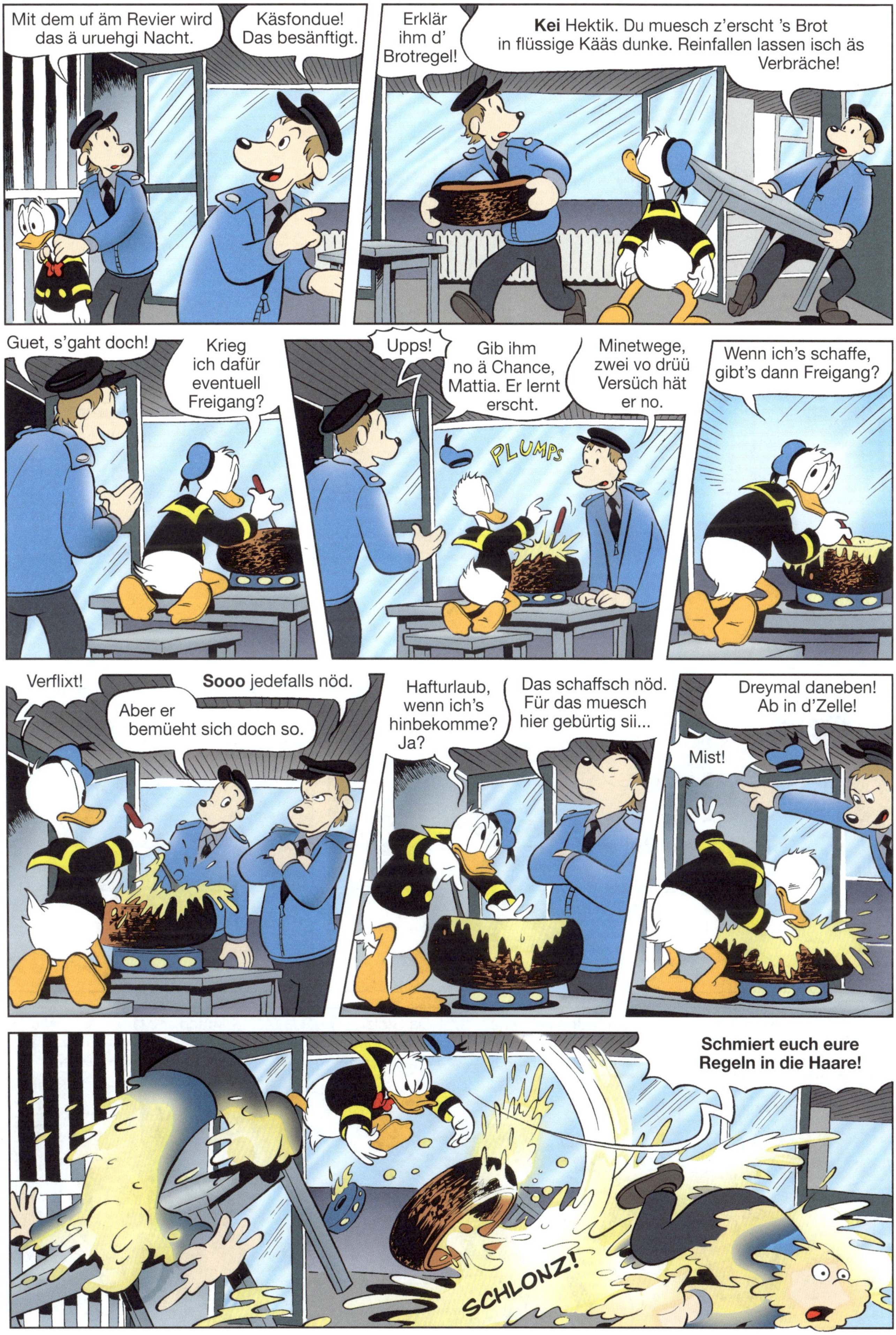
Mit dem uf äm Revier wird das ä uruehgi Nacht.
Käsfondue! Das besänftigt.
Erklär ihm d' Brotregel!
Kei Hektik. Du muesch z'erscht 's Brot in flüssige Kääs dunke. Reinfallen lassen isch äs Verbräche!
Guet, s'gaht doch!
Krieg ich dafür eventuell Freigang?
Upps!
Gib ihm no ä Chance, Mattia. Er lernt erscht.
Minetwege, zwei vo drüü Versüch hät er no.
PLUMPS
Wenn ich's schaffe, gibt's dann Freigang?
Verflixt!
Sooo jedefalls nöd.
Aber er bemüeht sich doch so.
Hafturlaub, wenn ich's hinbekomme? Ja?
Das schaffsch nöd. Für das muesch hier gebürtig sii...
Dreymal daneben! Ab in d'Zelle!
Mist!
Schmiert euch eure Regeln in die Haare!
SCHLONZ!

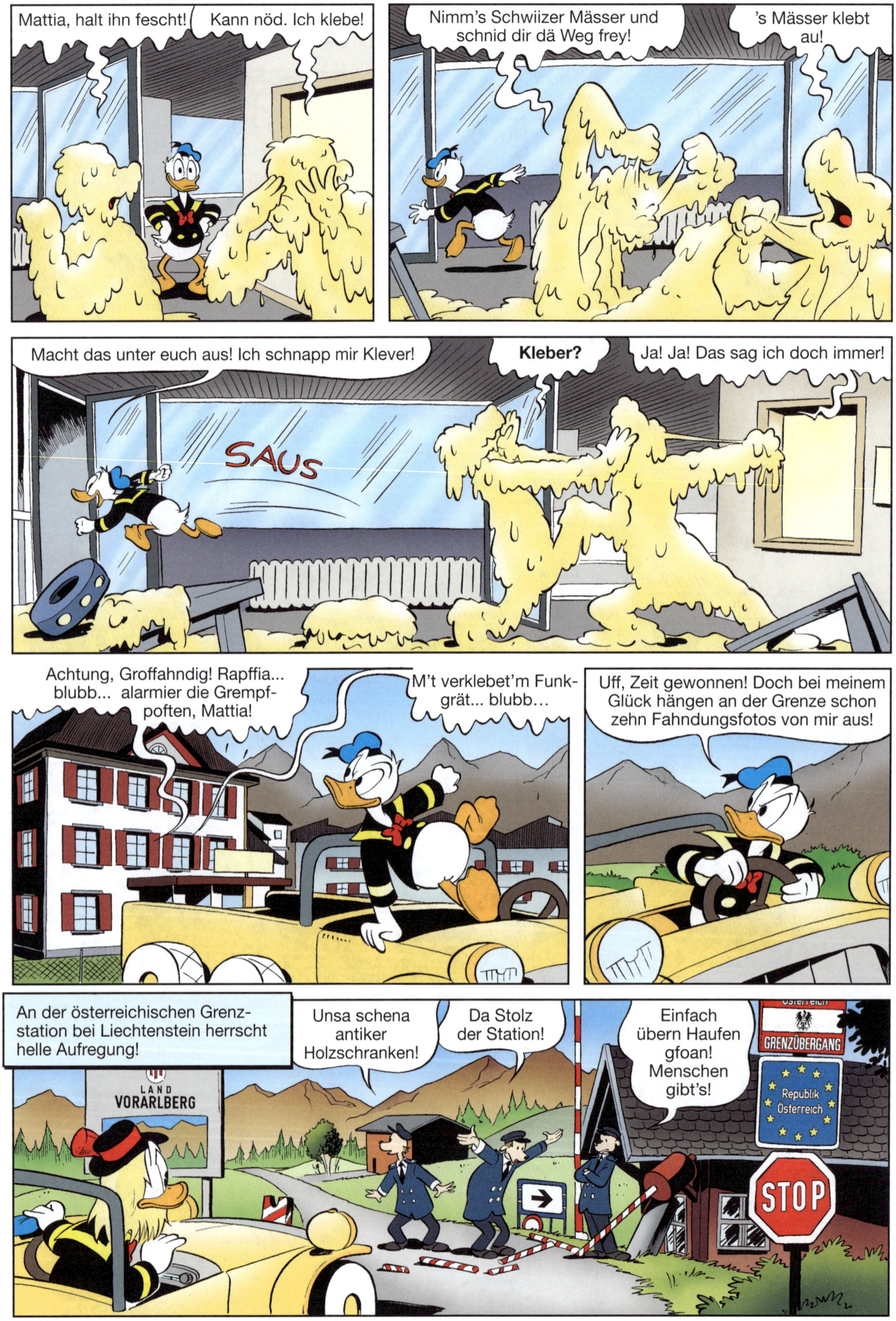
Mattia, halt ihn fescht!
Kann nöd. Ich klebe!
Nimm's Schwiizer Mässer und schnid dir dä Weg frey!
's Mässer klebt au!
Macht das unter euch aus! Ich schnapp mir Klever!
Kleber?
Ja! Ja! Das sag ich doch immer!
SAUS
Achtung, Groffahndig! Rapffia... blubb... alarmier die Grempfpoften, Mattia!
M't verklebet'm Funkgrät... blubb…
Uff, Zeit gewonnen! Doch bei meinem Glück hängen an der Grenze schon zehn Fahndungsfotos von mir aus!
An der österreichischen Grenzstation bei Liechtenstein herrscht helle Aufregung!
LAND VORARLBERG
Unsa schena antiker Holzschranken!
Da Stolz der Station!
Einfach übern Haufen gfoan! Menschen gibt's!
GRENZÜBERGANG
Republik Österreich
STOP

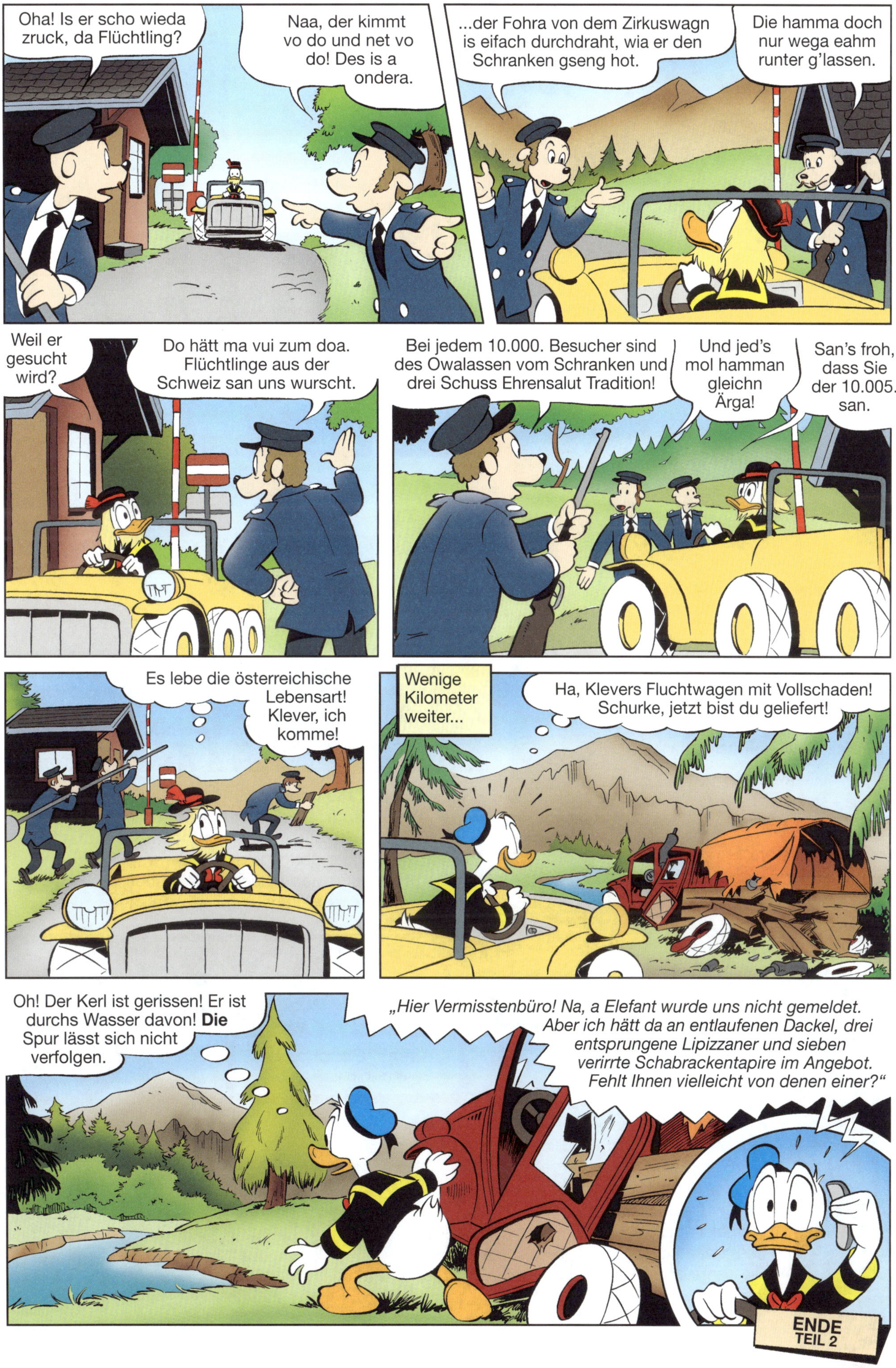
Oha! Is er scho wieda zruck, da Flüchtling?
Naa, der kimmt vo do und net vo do! Des is a ondera.
...der Fohra von dem Zirkuswagn is eifach durchdraht, wia er den Schranken gseng hot.
Die hamma doch nur wega eahm runter g'lassen.
Weil er gesucht wird?
Do hätt ma vui zum doa. Flüchtlinge aus der Schweiz san uns wurscht.
Bei jedem 10.000. Besucher sind des Owalassen vom Schranken und drei Schuss Ehrensalut Tradition!
Und jed's mol hamman gleichn Ärga!
San's froh, dass Sie der 10.005. san.
Es lebe die österreichische Lebensart! Klever, ich komme!
Wenige Kilometer weiter...
Ha, Klevers Fluchtwagen mit Vollschaden! Schurke, jetzt bist du geliefert!
Oh! Der Kerl ist gerissen! Er ist durchs Wasser davon! **Die** Spur lässt sich nicht verfolgen.
„Hier Vermisstenbüro! Na, a Elefant wurde uns nicht gemeldet. Aber ich hätt da an entlaufenen Dackel, drei entsprungene Lipizzaner und sieben verirrte Schabrackentapire im Angebot. Fehlt Ihnen vielleicht von denen einer?"
ENDE TEIL 2

Bei der Schweiz denken viele an Käse. Aber es gibt noch mehr.

TEIL 2

ALLES ODER

DIE SCHWEIZ

KANTONE: 26

ANZAHL SEEN: 1 484

GRÖSSTER SEE: Genfersee (582 km^2)

ANZAHL GLETSCHER: 140

LÄNGSTER FLUSS: Rhein (375 km)

*Quelle: Bundesamt für Statistik

WEISCH, WAS I MEINE? [1]

Anke – Butter
Äxgüsi – Entschuldigung
Chuchichäschtli – Küchenschrank
Finken – Hausschuhe
gumpe – springen, hüpfen
Peterli – Petersilie
verchlüpft – erschrocken

[1] Das ist Schweizerdeutsch und heißt: „Hast du verstanden?“

HEREINSPAZIERT!

Ungefähr fünf Stunden dauert es, bis das Zirkuszelt aufgebaut ist.

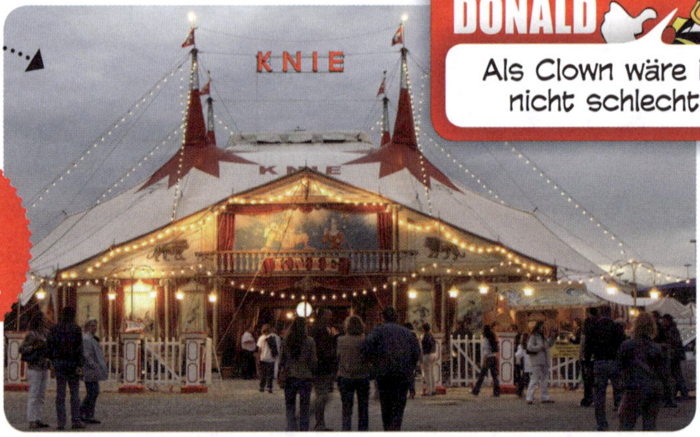

DAS SAGT DONALD

Als Clown wäre ich nicht schlecht.

Der Schweizer National-Circus Knie ist mehr als 200 Jahre alt. Er ist der größte Zirkus der Schweiz und wurde im Jahr 1803 von Friedrich Knie gegründet. Sein Winterquartier hat der Zirkus übrigens in Rapperswil am Zürichsee. Dort gibt es auch den Rapperswiler Kinderzoo Knie, wo man Tiere aus aller Welt hautnah erleben kann.

GUTEN APPETIT!

Warum gibt es in der Schweiz so viel Käse? In vielen Gegenden der Schweiz werden Kühe gehalten. Sie produzieren Milch. Und daraus wird unter anderem Käse hergestellt. Als „Schweizer Käse“ wird in Deutschland der Emmentaler bezeichnet. Er ist berühmt für seine Löcher. Sie entstehen durch Kohlensäure, die sich während des langsamen Reifungsprozesses entwickelt.

DAS SAGT DONALD

Käse? Schokolade ist mir lieber.

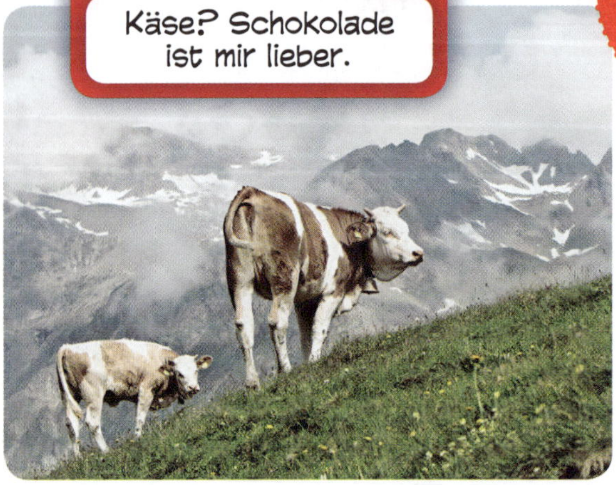

Wusstest du, dass für die Herstellung von einem Kilogramm Käse zehn Liter Milch notwendig sind?

KÄSE, WAS?

DAS SAGT DONALD

Fondue verklebt einem den Schnabel.

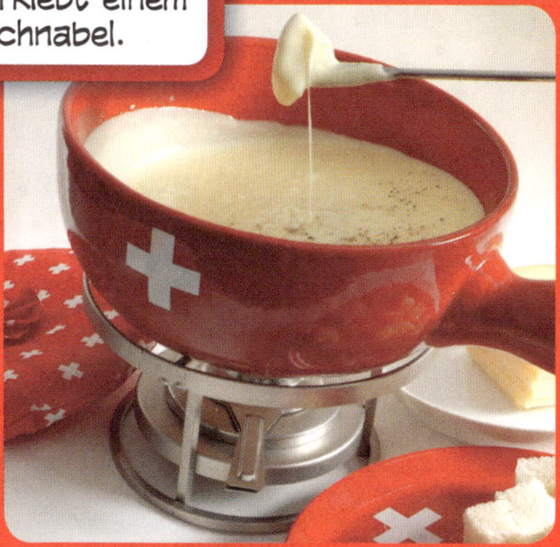

DAS FONDUE (sprich: Fondü) ist ein typisches Schweizer Gericht, bei dem kleine Stücke Brot in geschmolzenen Käse getaucht werden. Der Name stammt von dem französischen Wort „fondre“. Das heißt übersetzt schmelzen. Es gibt auch Schokoladenfondue. Lecker!

MURMELTIER

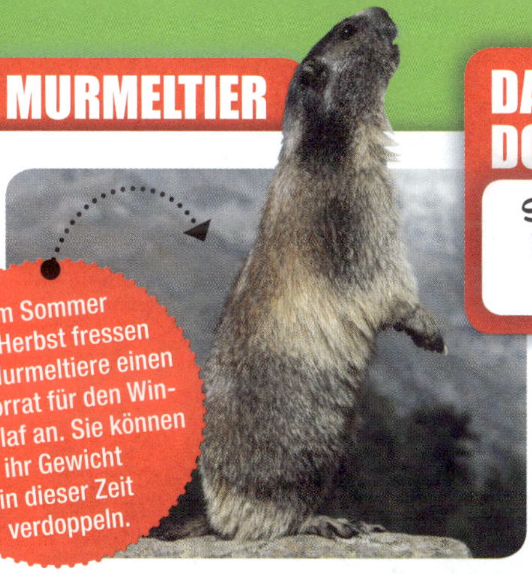

Im Sommer und Herbst fressen sich Murmeltiere einen Fettvorrat für den Winterschlaf an. Sie können ihr Gewicht in dieser Zeit verdoppeln.

Im Sommer kannst du in den Bergen Murmeltiere sehen – und hören. Bei Gefahr stoßen sie einen lauten Pfiff aus, um ihre Artgenossen zu warnen, worauf diese schnell in ihren Bauten verschwinden. Mit murmeln hat ihr Name übrigens nichts zu tun. Im Althochdeutschen wurde aus dem lateinischen Wort „mus montis“, das heißt Bergmaus, das Wort „murmunto“.

DAS SAGT DONALD

Schade, ich dachte immer, die murmeln den ganzen Tag.

TICKTACK, TICKTACK

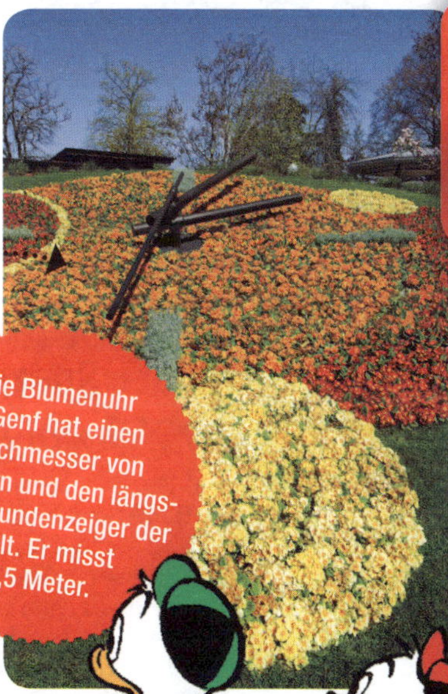

Die Blumenuhr in Genf hat einen Durchmesser von 5 Metern und den längsten Sekundenzeiger der Welt. Er misst 2,5 Meter.

DAS SAGT DONALD

Haben die etwa auch den Wecker erfunden?

Die Stadt Genf ist nicht nur für ihre vielen Banken bekannt, sondern auch für ihre Uhren. Von hier begann sich in der zweiten Hälfte des 16. Jahrhunderts die Uhrmacherei auszubreiten. Seitdem haben Schweizer Uhren Berühmtheit in der ganzen Welt erlangt. Sie stehen für Pünktlichkeit und Genauigkeit.

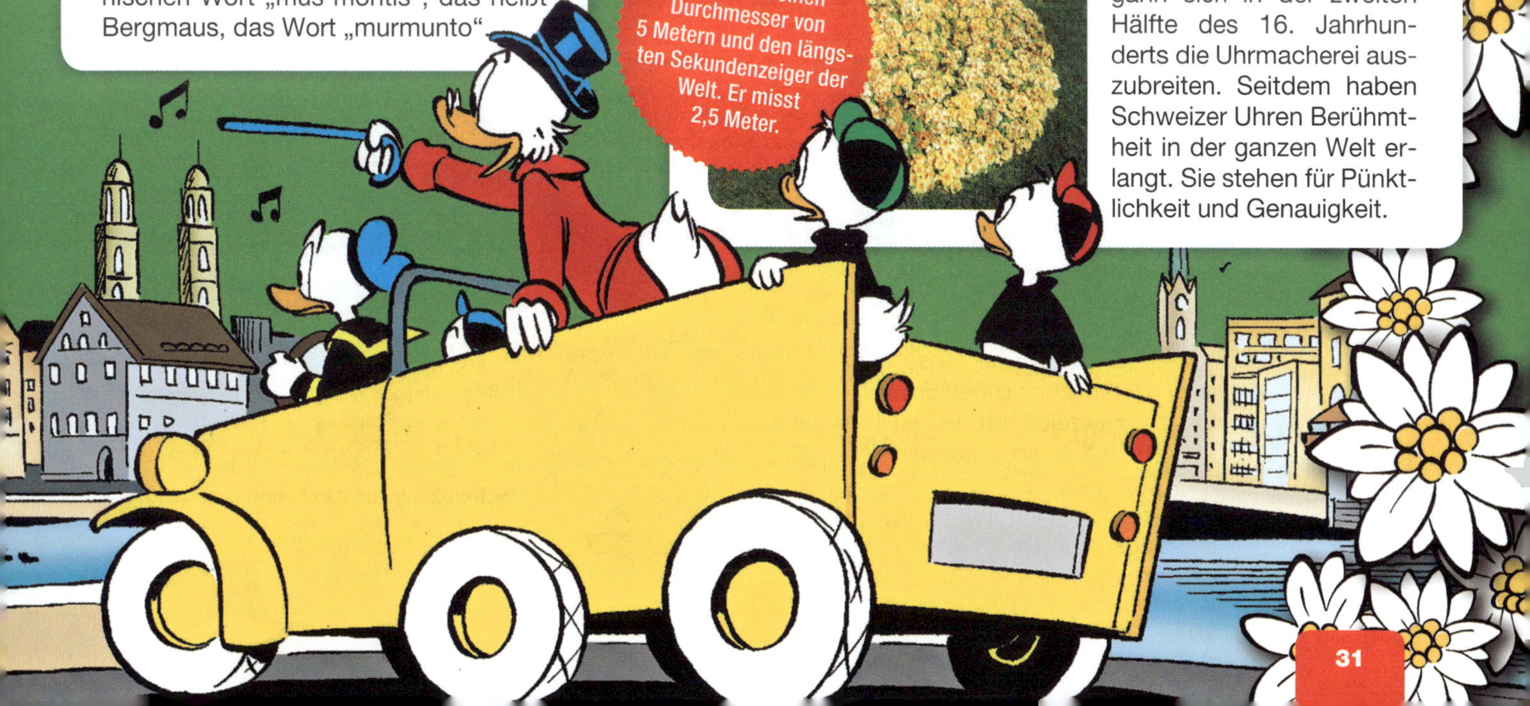

ENTEN-KURIER

Appenzeller Albtraum

Fähnlein Fieselschweif rettet Jägerin des verlorenen Käserezepts

Dramatische Szenen in den Bergen: Gestern Mittag rutschte die bekannte Käseforscherin und Abenteurerin Aromata Duck, genannt „Romy", an einem Steilhang ab. Das Unglück ereignete sich in der Nähe der Schweizer Ortschaft Appenzell. Eine halbe Stunde baumelte die Wissenschaftlerin von der Universität Entenhausen über einem Abgrund, bis ein Sennenhund sie entdeckte und Alarm schlug. Ihr Glück: In der Nähe hatten einige Mitglieder des Fähnlein Fieselschweif ihr Lager aufgeschlagen. Sie eilten Romy zu Hilfe. Auf der Bergwacht gab die Forscherin an, sie habe Besuch von zwei Vertretern der Käserei Klever bekommen. Diese wären mit einem geheimen unglaublichen Auftrag auf sie zugekommen: Sie solle das verschollene Rezept des Appenzeller Käses sicherstellen. Und da sei sie immer ihrer Nase gefolgt. Das Besondere sei nämlich sein Aroma. „Verstehen Sie, meine Herren, ein Käse ohne Duft ist wie ein Fahrrad ohne Luft!", erklärte Aromata Duck. „Ich werde weitersuchen." (ko)

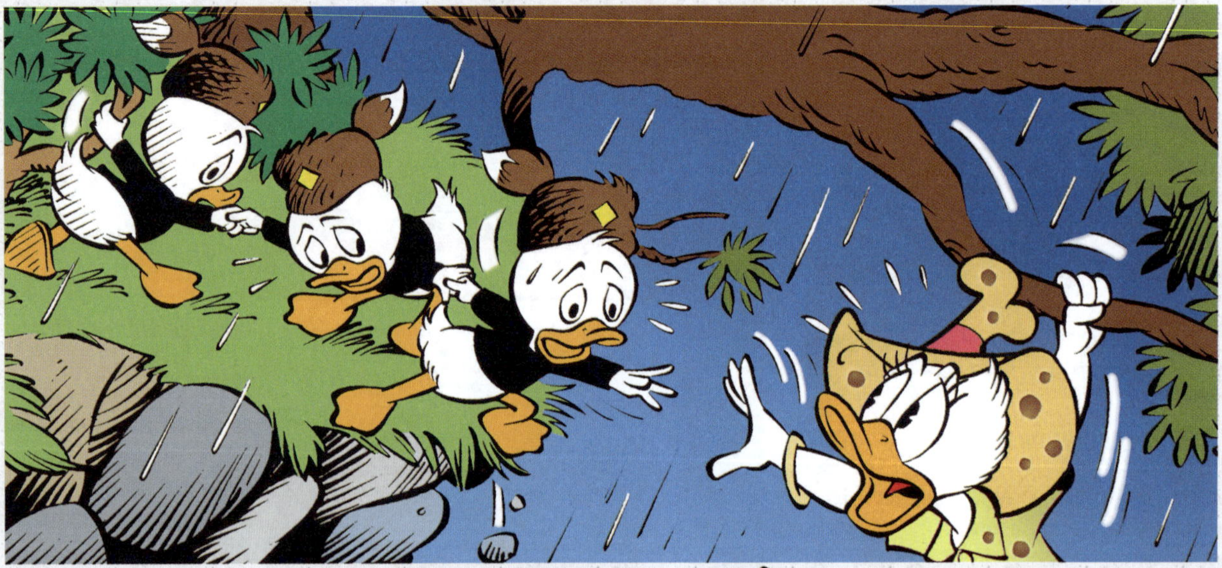

Das riecht nach Abenteuer: Die Rettungsaktion kurz vor ihrer Vollendung. Foto: Klara Klick

Wissenschaft

Käse für Süßschnäbel

Käsefondue oder lieber Schokoladenfondue? Diese Frage müssen sich entscheidungsschwache Fondue-Liebhaber in Zukunft nicht mehr stellen. Dipl.-Ing. Daniel Düsentrieb hat Abhilfe geschaffen. Der Erfinder machte zufällig eine außerordentliche Entdeckung: Werden Kühe mit Kakaobohnen gefüttert, schmeckt ihre Milch nach Schokolade. Und nach ein paar Monaten sorgfältiger Reifung gibt es – welch Überraschung – SchokladenKäse. Ob das Ganze auch mit Erdbeeren, Bananen oder anderen Zutaten funktioniert, muss noch getestet werden. (je)

Zitat der Woche

„Sackzementzefixhammerschlagundunkrautgeflechtnocheinsaberauchundzweigeharnischtehinterdrein!"
(Donald Duck)

Sport

Der Schwingerkönig

Donald Duck ist der neue Schwingerkönig. Beim Schwingen, einer schweizerischen Form des Ringens, zeigte der Entenhausener Wettkampfneuling großes Talent. Er hatte keine Probleme, seine Gegner an den Hosen zu greifen und aus dem Gleichgewicht zu bringen. Vollkommen überraschend legte er selbst die stärksten Kerle aufs Kreuz und überzeugte die Jury mit einem Plattwurf nach dem anderen. Das Geheimnis seines Erfolgs? Intensives Training mit einem streitsüchtigen Nachbarn, so der frischgebackene Sieger. *(EK-Leserreporter: G. Frörni)*

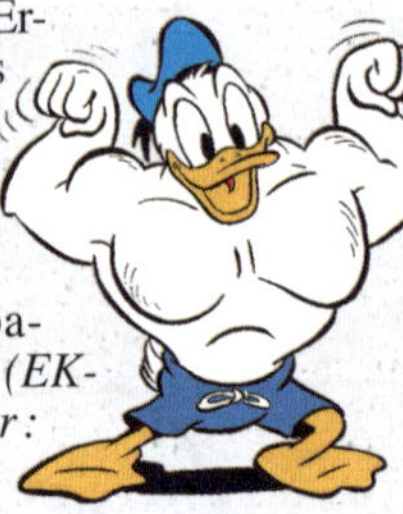

Foto: Duckpress

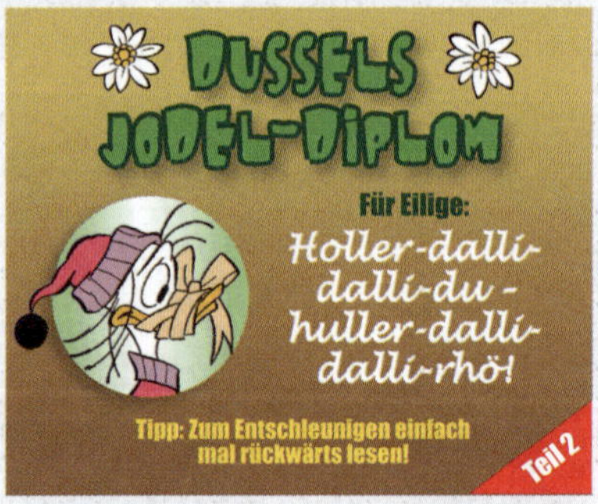

Freizeit

Schwiizertüütsch – Deutsch, Deutsch – Schwiizertüütsch: Das Original aus dem renommierten Hause Blaascht, Preis: 12,00 Taler. Bestellen Sie jetzt: *www.blaascht.ente*

Schlagzeug für Alle! Neue Kurse mit Collin Phillis – nur im Sussudio Swiss, Haudraufgasse 8, Paukendorf

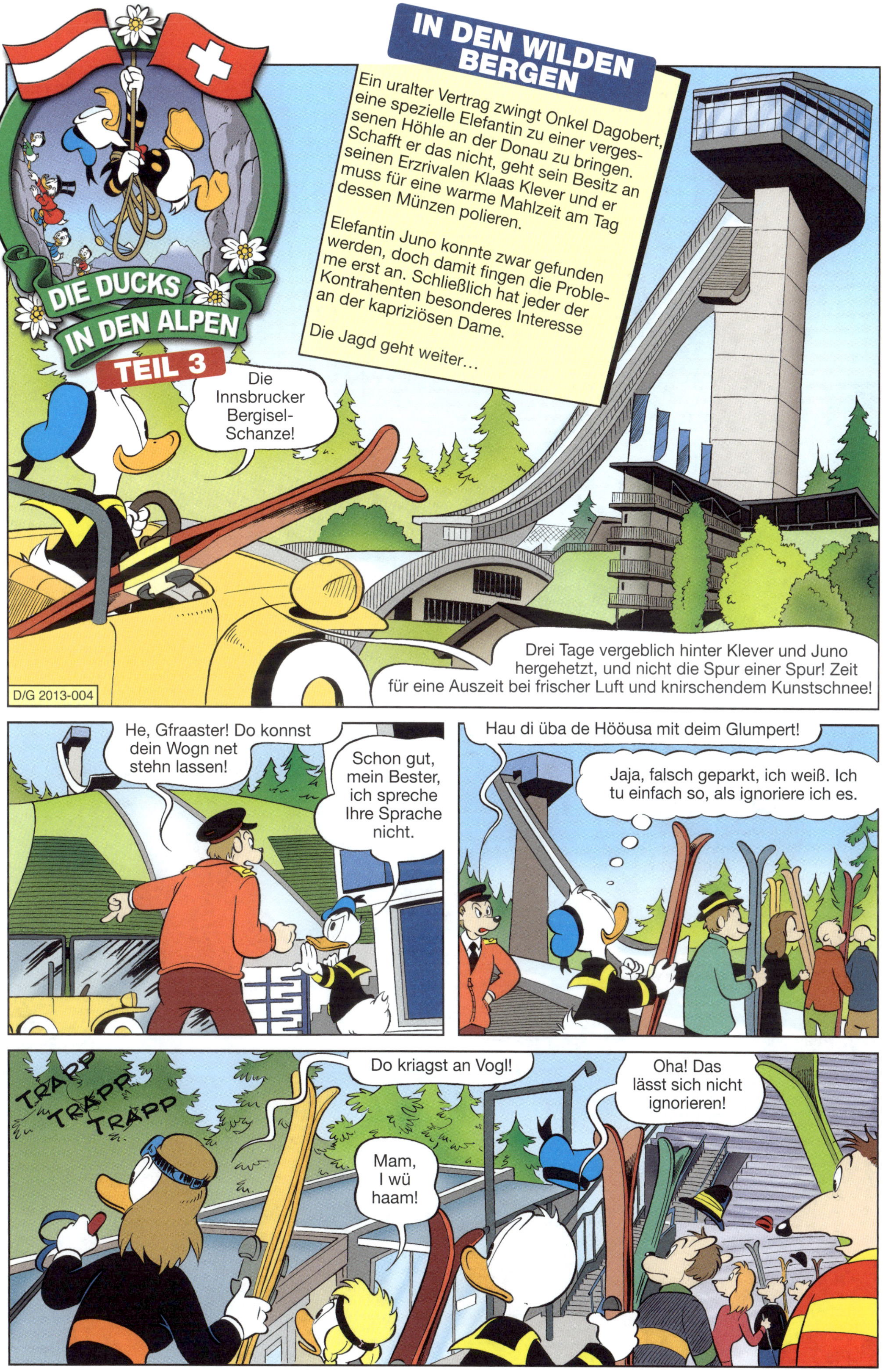
DIE DUCKS IN DEN ALPEN
TEIL 3
IN DEN WILDEN BERGEN
Ein uralter Vertrag zwingt Onkel Dagobert, eine spezielle Elefantin zu einer vergessenen Höhle an der Donau zu bringen. Schafft er das nicht, geht sein Besitz an seinen Erzrivalen Klaas Klever und er muss für eine warme Mahlzeit am Tag dessen Münzen polieren.
Elefantin Juno konnte zwar gefunden werden, doch damit fingen die Probleme erst an. Schließlich hat jeder der Kontrahenten besonderes Interesse an der kapriziösen Dame.
Die Jagd geht weiter…
Die Innsbrucker Bergisel-Schanze!
Drei Tage vergeblich hinter Klever und Juno hergehetzt, und nicht die Spur einer Spur! Zeit für eine Auszeit bei frischer Luft und knirschendem Kunstschnee!
D/G 2013-004
He, Gfraaster! Do konnst dein Wogn net stehn lassen!
Schon gut, mein Bester, ich spreche Ihre Sprache nicht.
Hau di üba de Hööusa mit deim Glumpert!
Jaja, falsch geparkt, ich weiß. Ich tu einfach so, als ignoriere ich es.
TRAPP TRAPP TRAPP
Do kriagst an Vogl!
Mam, I wü haam!
Oha! Das lässt sich nicht ignorieren!

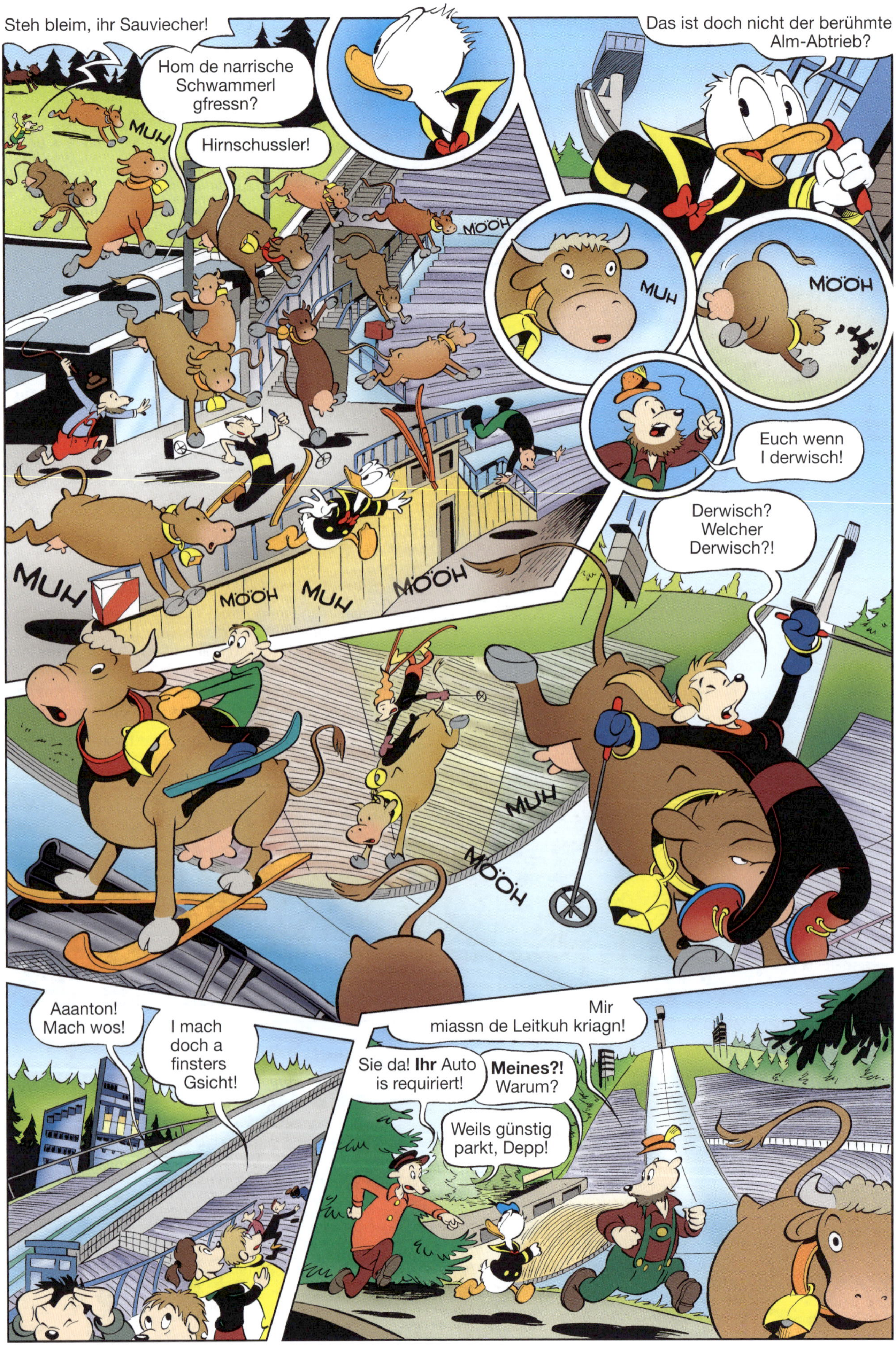

Steh bleim, ihr Sauviecher!
Hom de narrische Schwammerl gfressn?
Hirnschussler!
MUH
MÖÖH
MUH
MÖÖH
MUH
Das ist doch nicht der berühmte Alm-Abtrieb?
MUH
MÖÖH
Euch wenn I derwisch!
Derwisch? Welcher Derwisch?!
MUH
MÖÖH
Aaanton! Mach wos!
I mach doch a finsters Gsicht!
Mir miassn de Leitkuh kriagn!
Sie da! **Ihr** Auto is requiriert!
Meines?! Warum?
Weils günstig parkt, Depp!

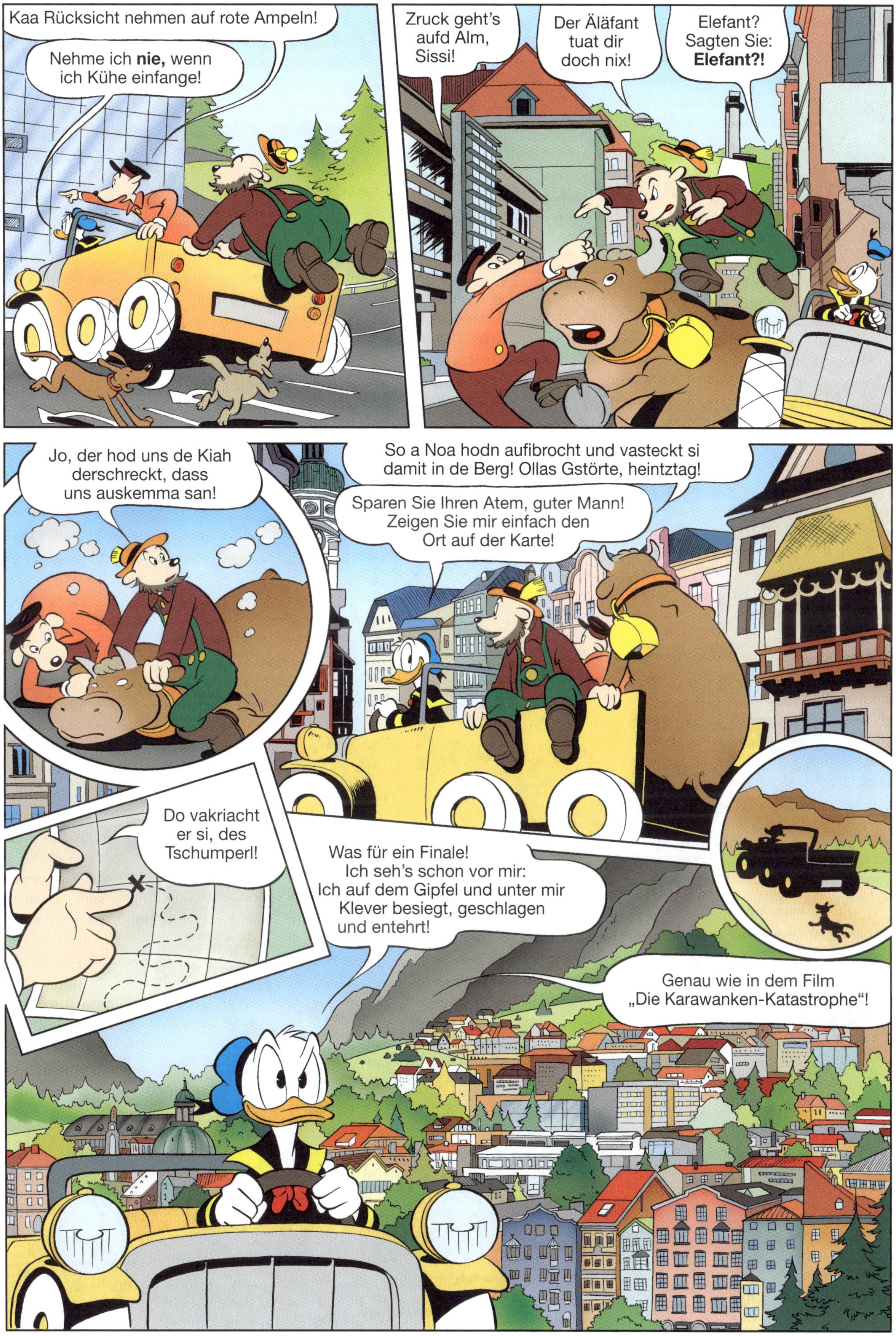
Kaa Rücksicht nehmen auf rote Ampeln!
Nehme ich **nie,** wenn ich Kühe einfange!
Zruck geht's aufd Alm, Sissi!
Der Äläfant tuat dir doch nix!
Elefant? Sagten Sie: **Elefant?!**
Jo, der hod uns de Kiah derschreckt, dass uns auskemma san!
So a Noa hodn aufibrocht und vasteckt si damit in de Berg! Ollas Gstörte, heintztag!
Sparen Sie Ihren Atem, guter Mann! Zeigen Sie mir einfach den Ort auf der Karte!
Do vakriacht er si, des Tschumperl!
Was für ein Finale! Ich seh's schon vor mir: Ich auf dem Gipfel und unter mir Klever besiegt, geschlagen und entehrt!
Genau wie in dem Film „Die Karawanken-Katastrophe"!

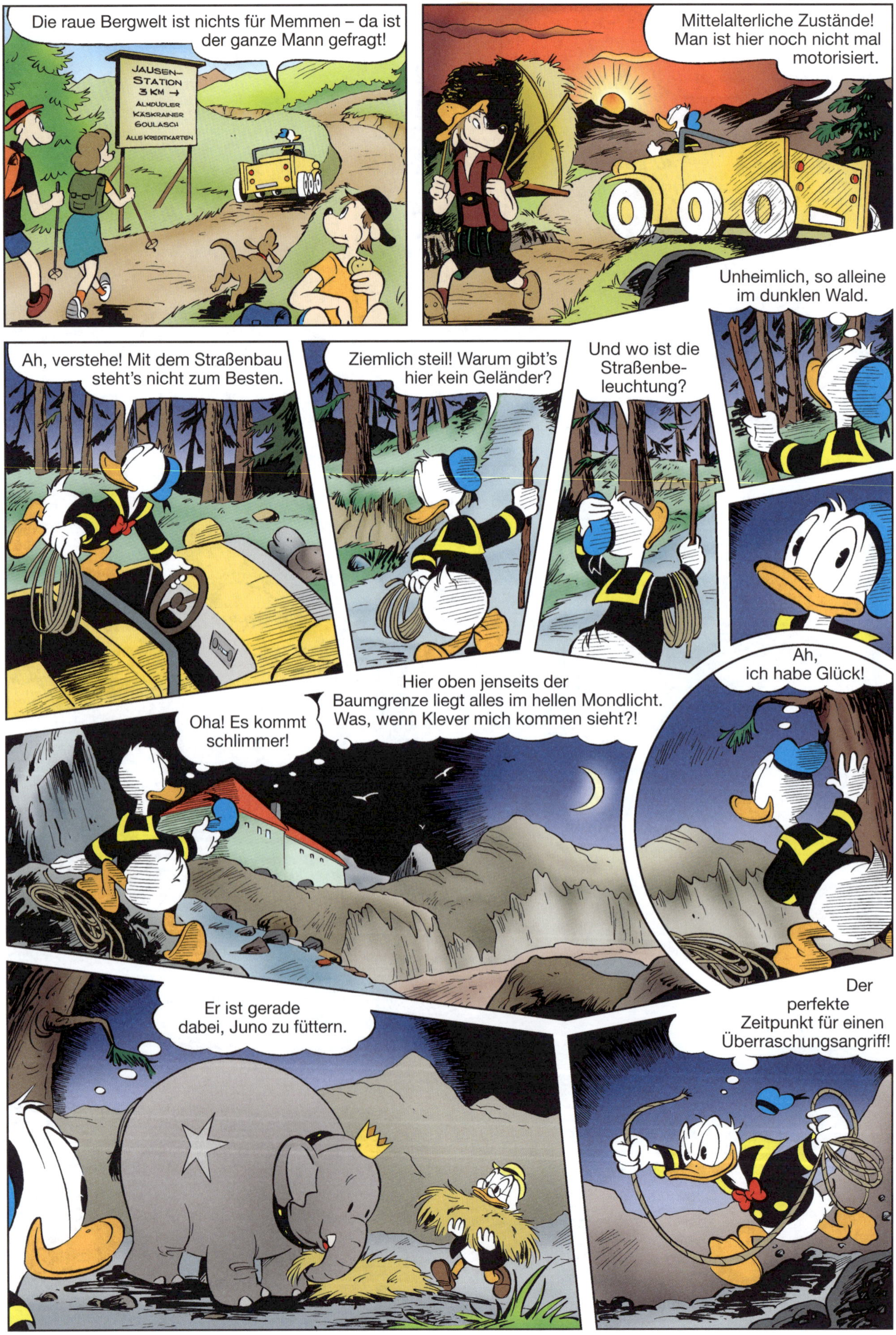
Die raue Bergwelt ist nichts für Memmen – da ist der ganze Mann gefragt!
JAUSEN-STATION 3 KM →
ALMDUDLER
KÄSKRAINER
GOULASCH
ALLE KREDITKARTEN
Mittelalterliche Zustände! Man ist hier noch nicht mal motorisiert.
Ah, verstehe! Mit dem Straßenbau steht's nicht zum Besten.
Ziemlich steil! Warum gibt's hier kein Geländer?
Und wo ist die Straßenbe-leuchtung?
Unheimlich, so alleine im dunklen Wald.
Oha! Es kommt schlimmer!
Hier oben jenseits der Baumgrenze liegt alles im hellen Mondlicht. Was, wenn Klever mich kommen sieht?!
Ah, ich habe Glück!
Er ist gerade dabei, Juno zu füttern.
Der perfekte Zeitpunkt für einen Überraschungsangriff!

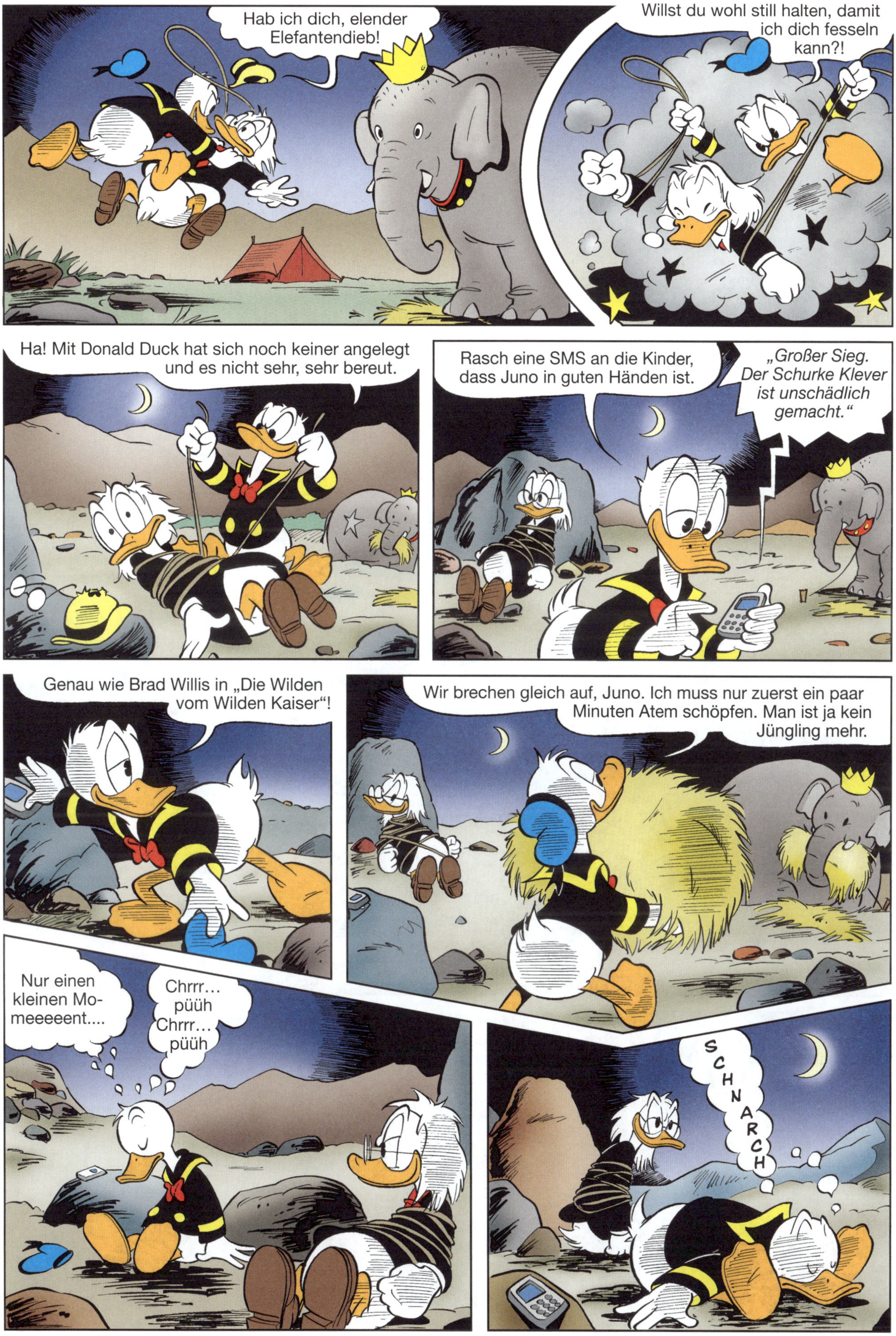
Hab ich dich, elender Elefantendieb!
Willst du wohl still halten, damit ich dich fesseln kann?!
Ha! Mit Donald Duck hat sich noch keiner angelegt und es nicht sehr, sehr bereut.
Rasch eine SMS an die Kinder, dass Juno in guten Händen ist.
„Großer Sieg. Der Schurke Klever ist unschädlich gemacht."
Genau wie Brad Willis in „Die Wilden vom Wilden Kaiser"!
Wir brechen gleich auf, Juno. Ich muss nur zuerst ein paar Minuten Atem schöpfen. Man ist ja kein Jüngling mehr.
Nur einen kleinen Mo- meeeeent....
Chrrr… püüh Chrrr… püüh
SCHNARCH

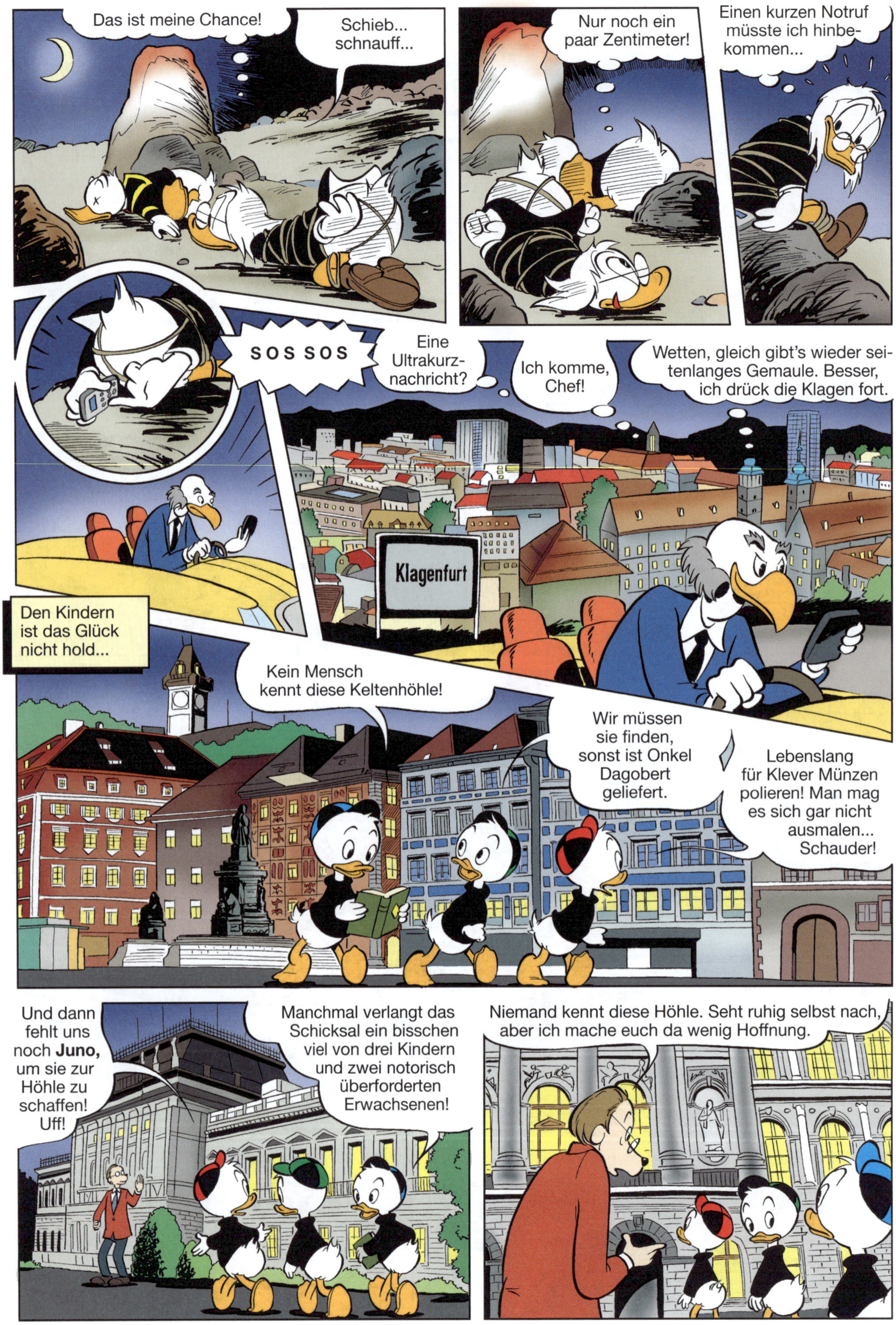
Das ist meine Chance!
Schieb... schnauff...
Nur noch ein paar Zentimeter!
Einen kurzen Notruf müsste ich hinbekommen...
SOS SOS
Eine Ultrakurznachricht?
Ich komme, Chef!
Wetten, gleich gibt's wieder seitenlanges Gemaule. Besser, ich drück die Klagen fort.
Klagenfurt
Den Kindern ist das Glück nicht hold...
Kein Mensch kennt diese Keltenhöhle!
Wir müssen sie finden, sonst ist Onkel Dagobert geliefert.
Lebenslang für Klever Münzen polieren! Man mag es sich gar nicht ausmalen... Schauder!
Und dann fehlt uns noch **Juno,** um sie zur Höhle zu schaffen! Uff!
Manchmal verlangt das Schicksal ein bisschen viel von drei Kindern und zwei notorisch überforderten Erwachsenen!
Niemand kennt diese Höhle. Seht ruhig selbst nach, aber ich mache euch da wenig Hoffnung.

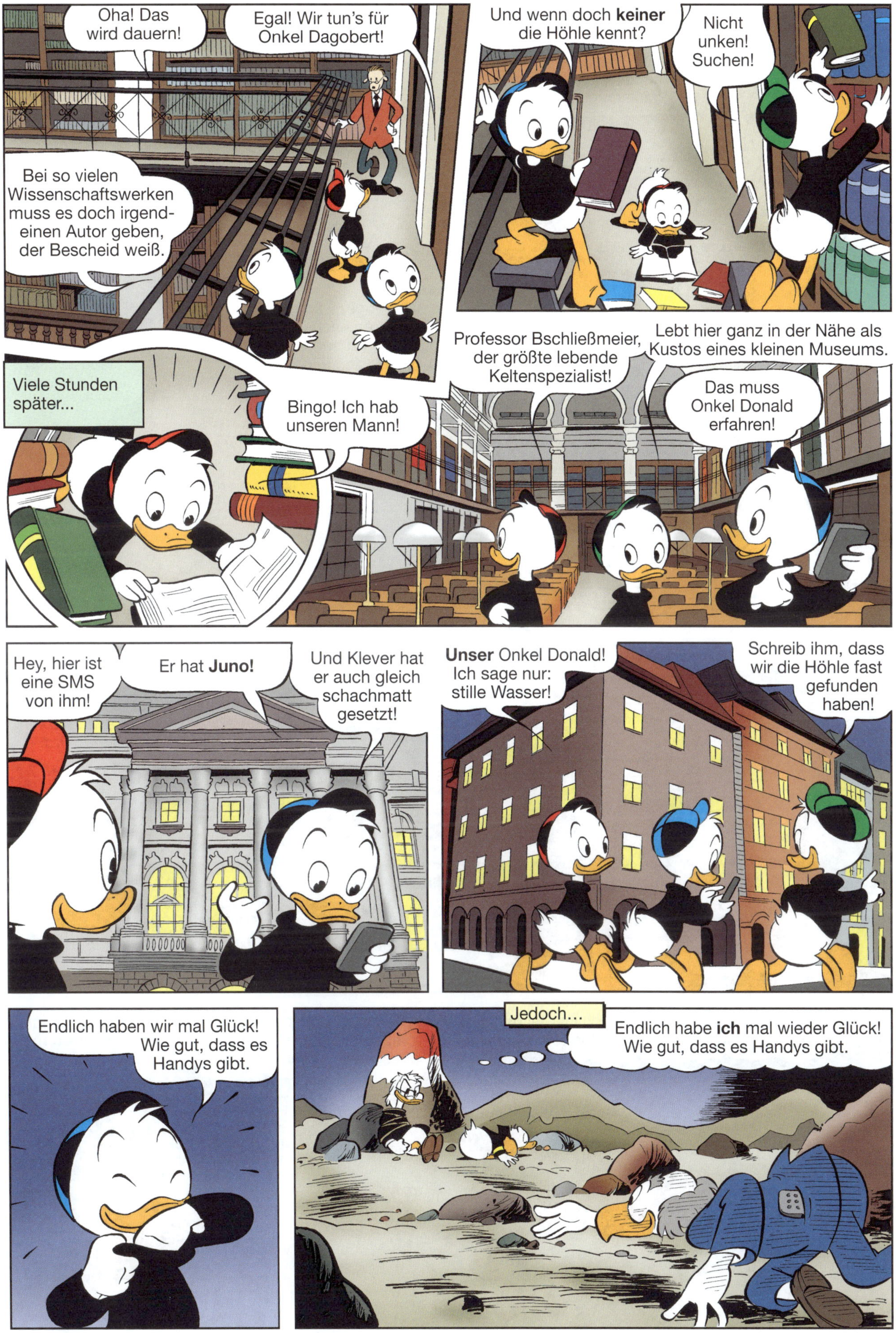
Oha! Das wird dauern!
Egal! Wir tun's für Onkel Dagobert!
Bei so vielen Wissenschaftswerken muss es doch irgendeinen Autor geben, der Bescheid weiß.
Und wenn doch **keiner** die Höhle kennt?
Nicht unken! Suchen!
Viele Stunden später...
Bingo! Ich hab unseren Mann!
Professor Bschließmeier, der größte lebende Keltenspezialist!
Lebt hier ganz in der Nähe als Kustos eines kleinen Museums.
Das muss Onkel Donald erfahren!
Hey, hier ist eine SMS von ihm!
Er hat **Juno!**
Und Klever hat er auch gleich schachmatt gesetzt!
Unser Onkel Donald! Ich sage nur: stille Wasser!
Schreib ihm, dass wir die Höhle fast gefunden haben!
Endlich haben wir mal Glück! Wie gut, dass es Handys gibt.
Jedoch...
Endlich habe **ich** mal wieder Glück! Wie gut, dass es Handys gibt.

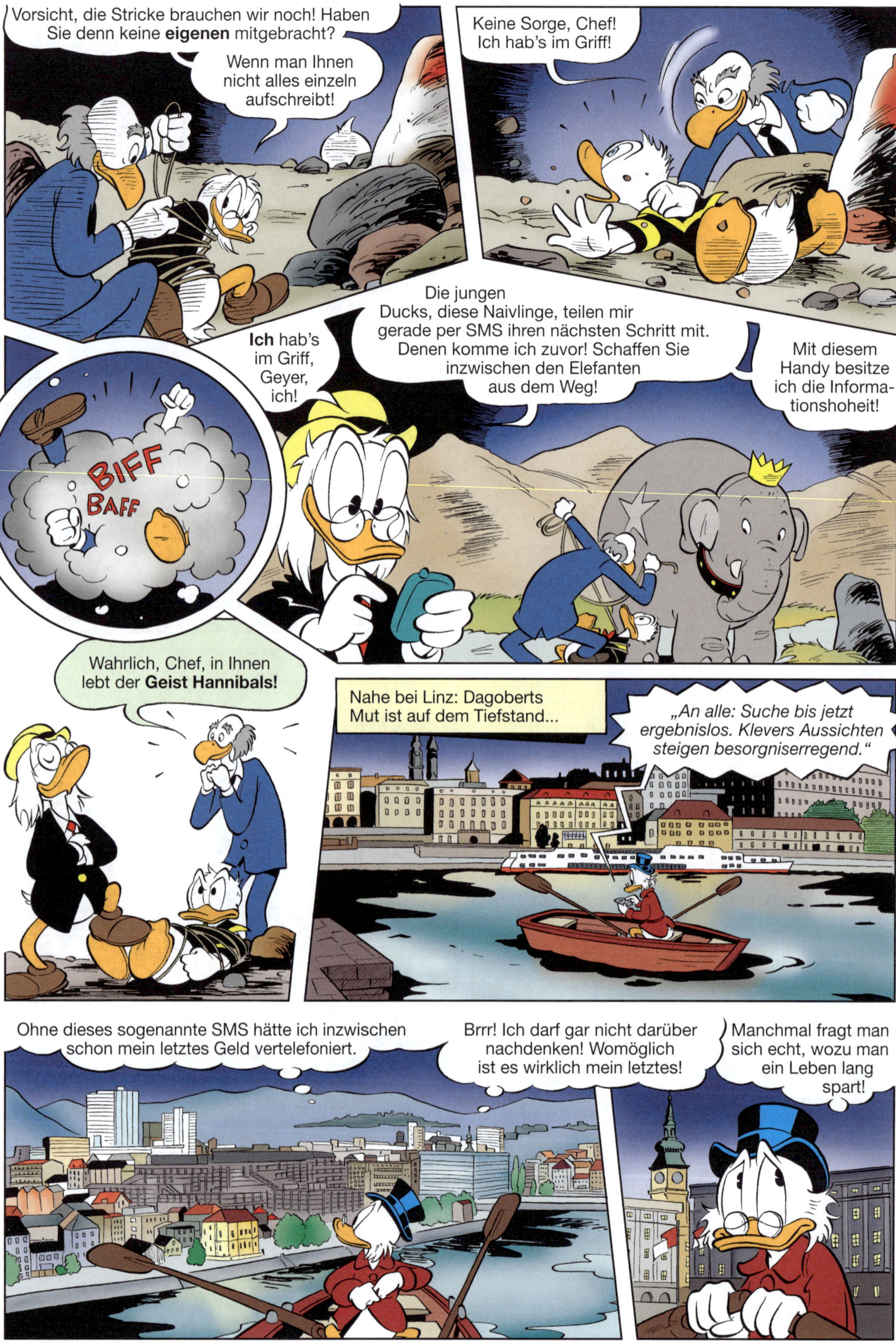

Vorsicht, die Stricke brauchen wir noch! Haben Sie denn keine **eigenen** mitgebracht?
Wenn man Ihnen nicht alles einzeln aufschreibt!
Keine Sorge, Chef! Ich hab's im Griff!
BIFF
BAFF
Ich hab's im Griff, Geyer, ich!
Die jungen Ducks, diese Naivlinge, teilen mir gerade per SMS ihren nächsten Schritt mit. Denen komme ich zuvor! Schaffen Sie inzwischen den Elefanten aus dem Weg!
Mit diesem Handy besitze ich die Informationshoheit!
Wahrlich, Chef, in Ihnen lebt der **Geist Hannibals!**
Nahe bei Linz: Dagoberts Mut ist auf dem Tiefstand...
„An alle: Suche bis jetzt ergebnislos. Klevers Aussichten steigen besorgniserregend."
Ohne dieses sogenannte SMS hätte ich inzwischen schon mein letztes Geld vertelefoniert.
Brrr! Ich darf gar nicht darüber nachdenken! Womöglich ist es wirklich mein letztes!
Manchmal fragt man sich echt, wozu man ein Leben lang spart!

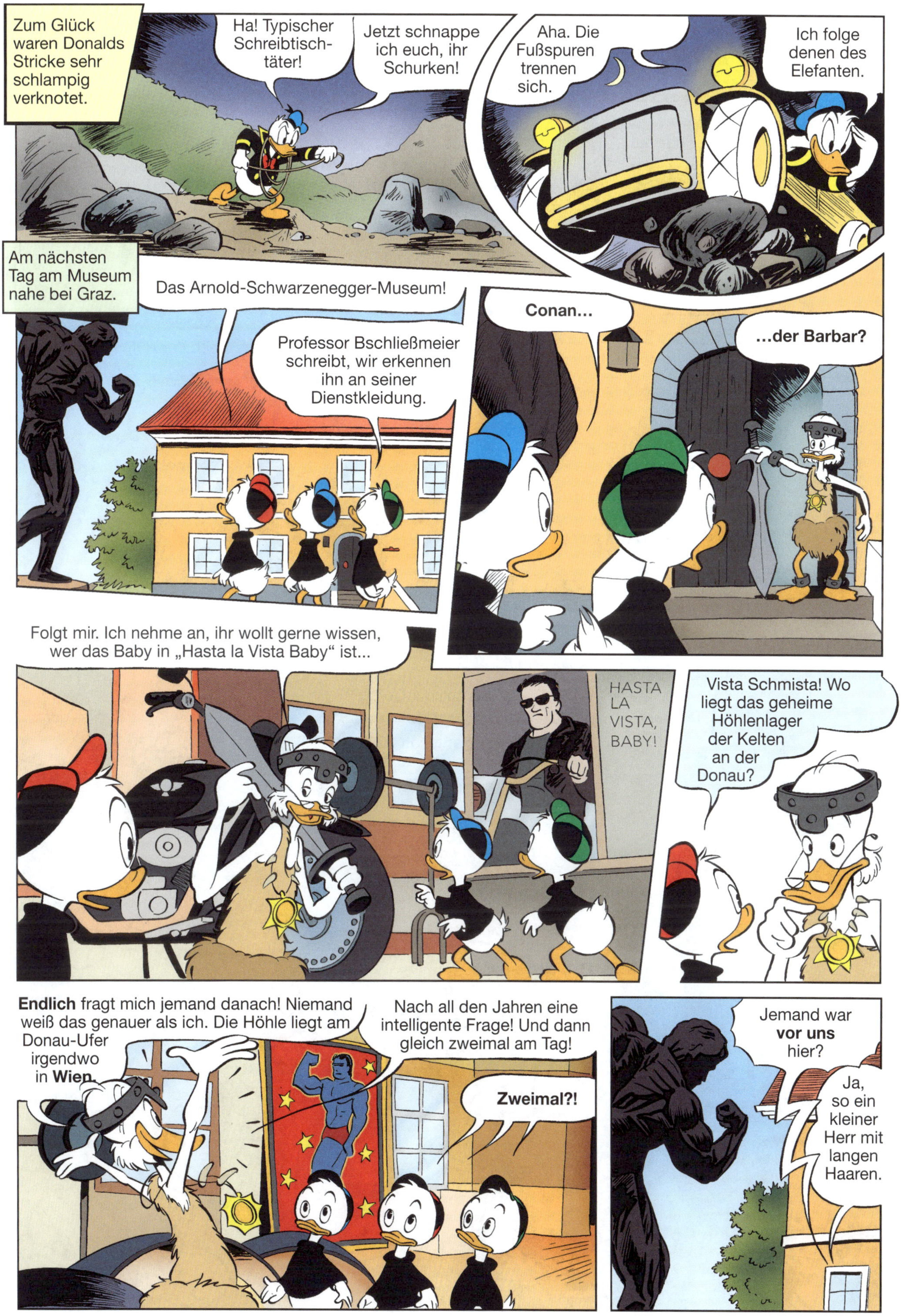

Zum Glück waren Donalds Stricke sehr schlampig verknotet.
Ha! Typischer Schreibtisch-täter!
Jetzt schnappe ich euch, ihr Schurken!
Aha. Die Fußspuren trennen sich.
Ich folge denen des Elefanten.
Am nächsten Tag am Museum nahe bei Graz.
Das Arnold-Schwarzenegger-Museum!
Professor Bschließmeier schreibt, wir erkennen ihn an seiner Dienstkleidung.
Conan…
…der Barbar?
Folgt mir. Ich nehme an, ihr wollt gerne wissen, wer das Baby in „Hasta la Vista Baby“ ist…
HASTA LA VISTA, BABY!
Vista Schmista! Wo liegt das geheime Höhlenlager der Kelten an der Donau?
Endlich fragt mich jemand danach! Niemand weiß das genauer als ich. Die Höhle liegt am Donau-Ufer irgendwo in Wien.
Nach all den Jahren eine intelligente Frage! Und dann gleich zweimal am Tag!
Zweimal?!
Jemand war vor uns hier?
Ja, so ein kleiner Herr mit langen Haaren.

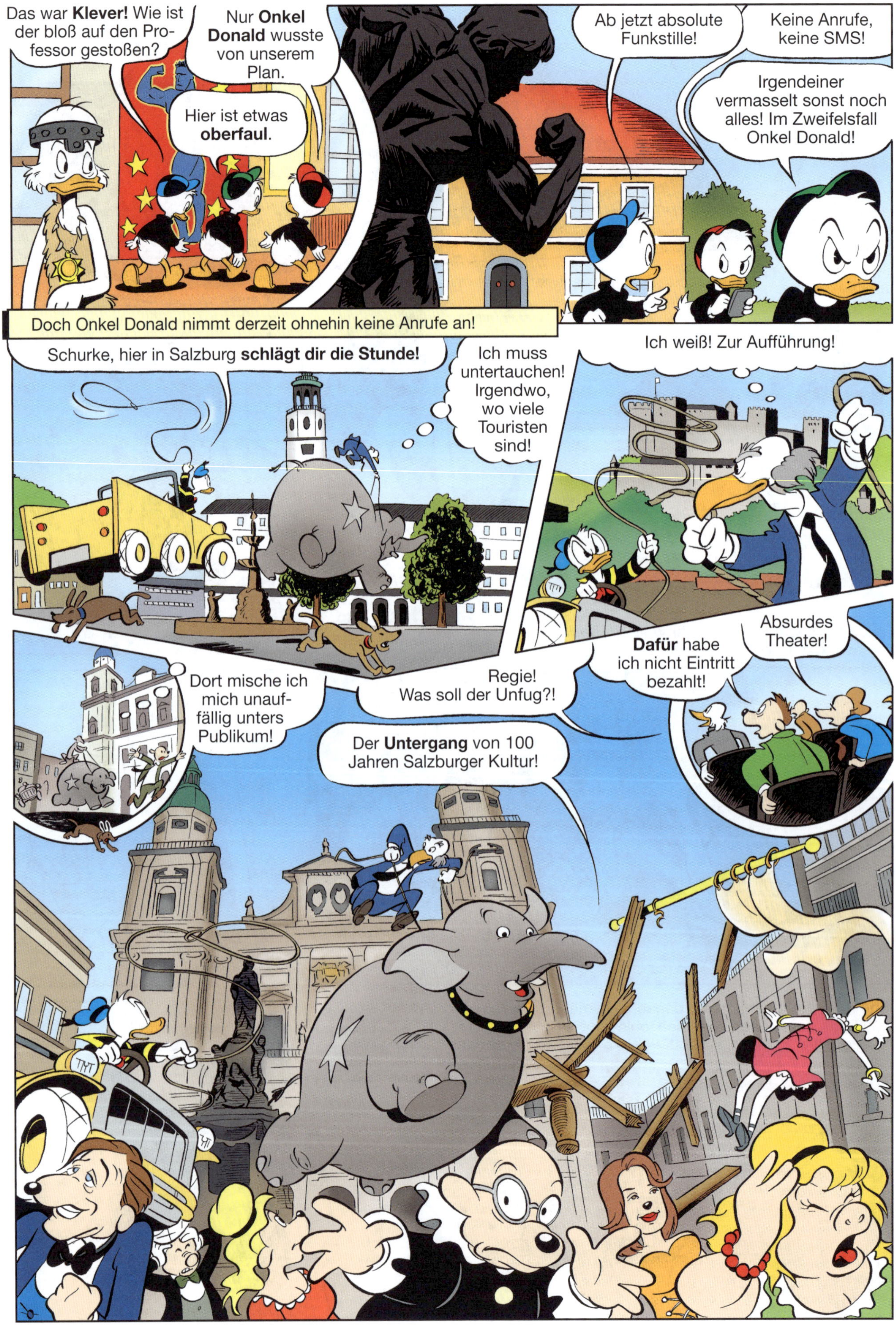
Das war **Klever!** Wie ist der bloß auf den Professor gestoßen?
Nur **Onkel Donald** wusste von unserem Plan.
Hier ist etwas **oberfaul**.
Ab jetzt absolute Funkstille!
Keine Anrufe, keine SMS!
Irgendeiner vermasselt sonst noch alles! Im Zweifelsfall Onkel Donald!
Doch Onkel Donald nimmt derzeit ohnehin keine Anrufe an!
Schurke, hier in Salzburg **schlägt dir die Stunde!**
Ich muss untertauchen! Irgendwo, wo viele Touristen sind!
Ich weiß! Zur Aufführung!
Dort mische ich mich unauffällig unters Publikum!
Regie! Was soll der Unfug?!
Dafür habe ich nicht Eintritt bezahlt!
Absurdes Theater!
Der **Untergang** von 100 Jahren Salzburger Kultur!

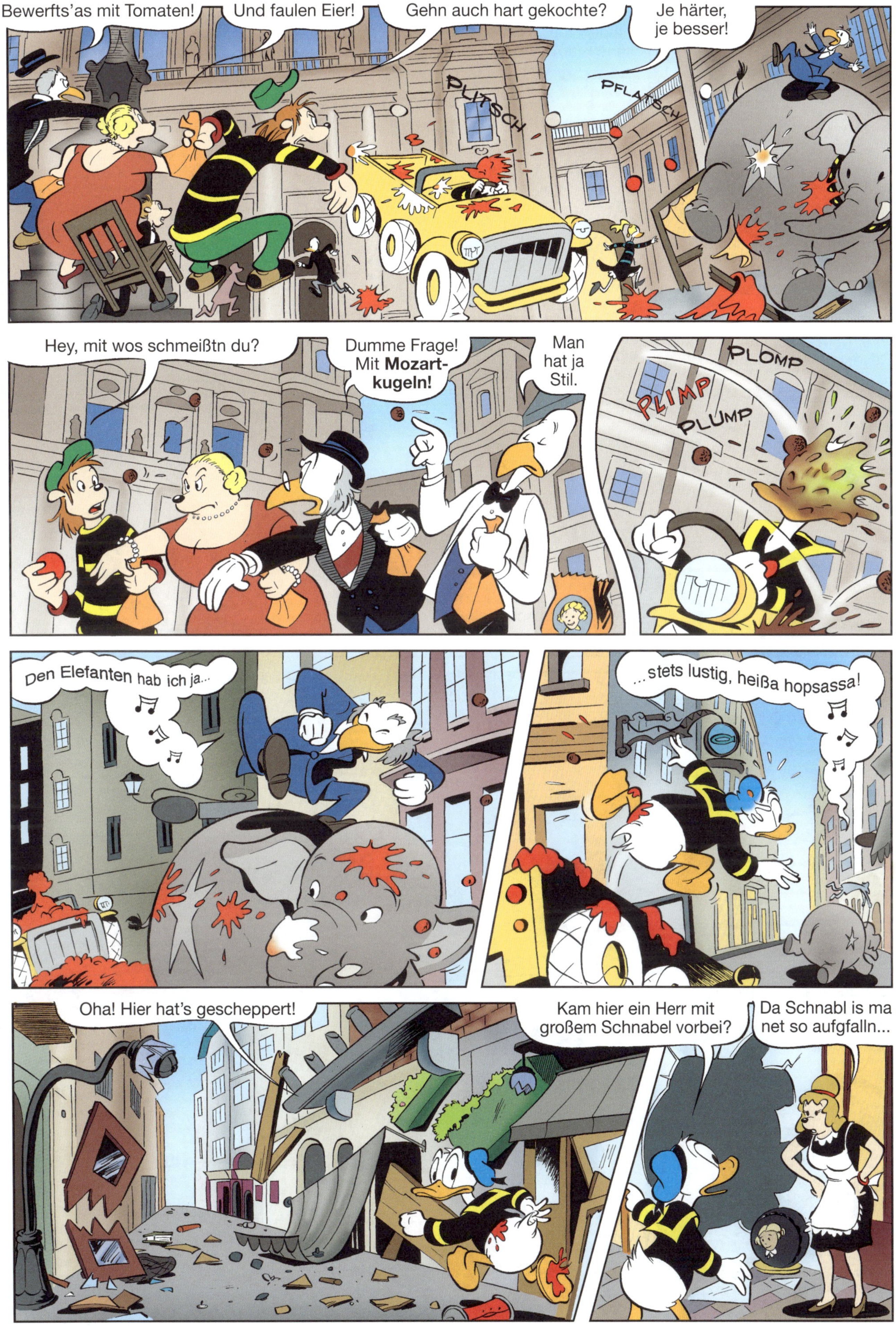
Bewerfts'as mit Tomaten!
Und faulen Eier!
Gehn auch hart gekochte?
Je härter, je besser!
PLITSCH
PFLATSCH
Hey, mit wos schmeißtn du?
Dumme Frage! Mit **Mozart-kugeln!**
Man hat ja Stil.
PLOMP
PLIMP
PLUMP
Den Elefanten hab ich ja...
...stets lustig, heißa hopsassa!
Oha! Hier hat's gescheppert!
Kam hier ein Herr mit großem Schnabel vorbei?
Da Schnabl is ma net so aufgfalln...

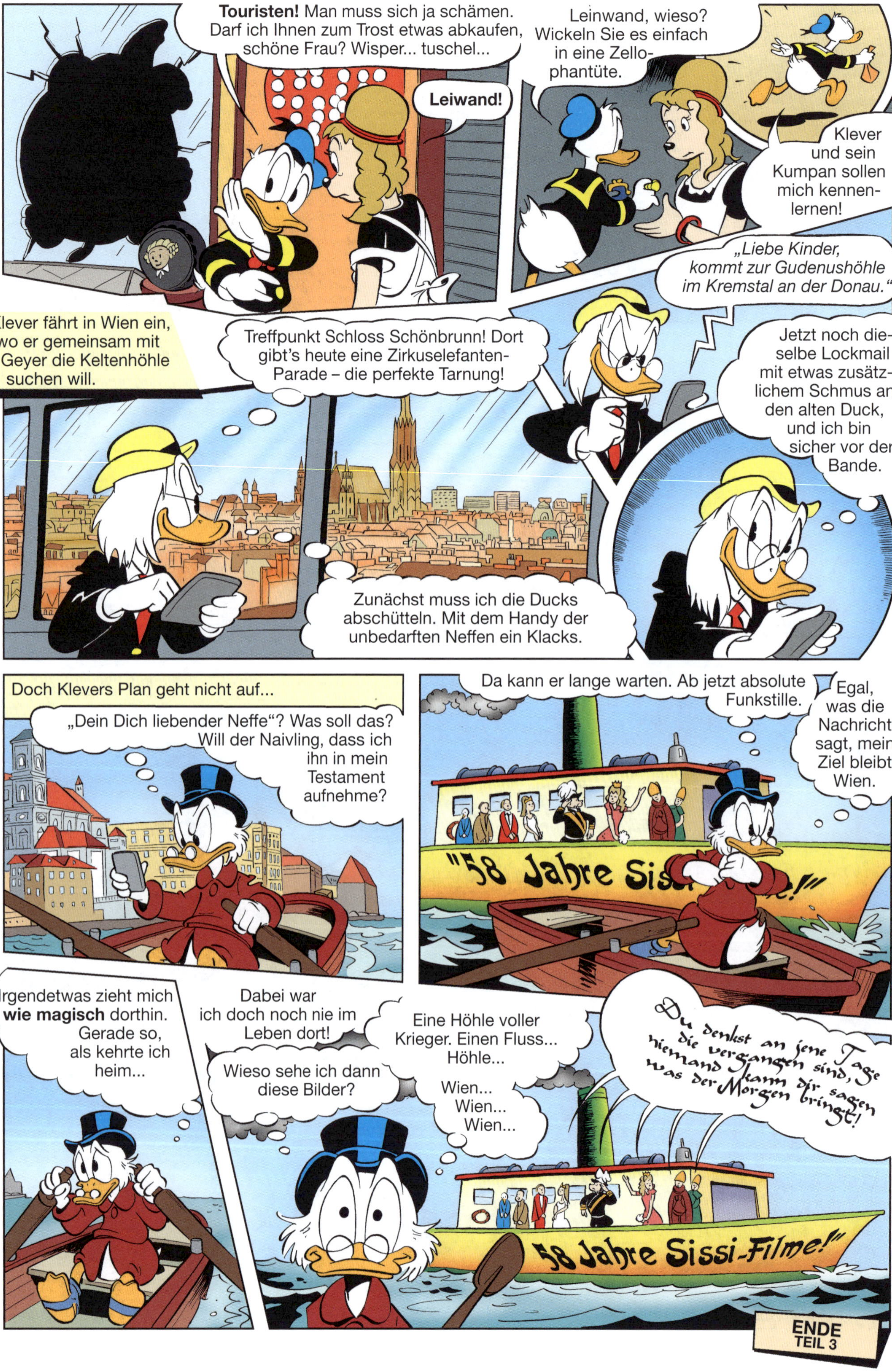
Touristen! Man muss sich ja schämen. Darf ich Ihnen zum Trost etwas abkaufen, schöne Frau? Wisper... tuschel...
Leiwand!
Leinwand, wieso? Wickeln Sie es einfach in eine Zellophantüte.
Klever und sein Kumpan sollen mich kennenlernen!
„Liebe Kinder, kommt zur Gudenushöhle im Kremstal an der Donau."
Klever fährt in Wien ein, wo er gemeinsam mit Geyer die Keltenhöhle suchen will.
Treffpunkt Schloss Schönbrunn! Dort gibt's heute eine Zirkuselefanten-Parade – die perfekte Tarnung!
Jetzt noch dieselbe Lockmail mit etwas zusätzlichem Schmus an den alten Duck, und ich bin sicher vor der Bande.
Zunächst muss ich die Ducks abschütteln. Mit dem Handy der unbedarften Neffen ein Klacks.
Doch Klevers Plan geht nicht auf...
„Dein Dich liebender Neffe"? Was soll das? Will der Naivling, dass ich ihn in mein Testament aufnehme?
Da kann er lange warten. Ab jetzt absolute Funkstille.
Egal, was die Nachricht sagt, mein Ziel bleibt Wien.
Irgendetwas zieht mich **wie magisch** dorthin. Gerade so, als kehrte ich heim...
Dabei war ich doch noch nie im Leben dort!
Wieso sehe ich dann diese Bilder?
Eine Höhle voller Krieger. Einen Fluss... Höhle...
Wien... Wien... Wien...
Du denkst an jene Tage, die vergangen sind, niemand kann dir sagen, was der Morgen bringt!
58 Jahre Sissi-Filme!
ENDE TEIL 3

ENTEN-KURIER

Wiasdas mochst is foisch!

Gipfelstürmer mit ungleichen Voraussetzungen

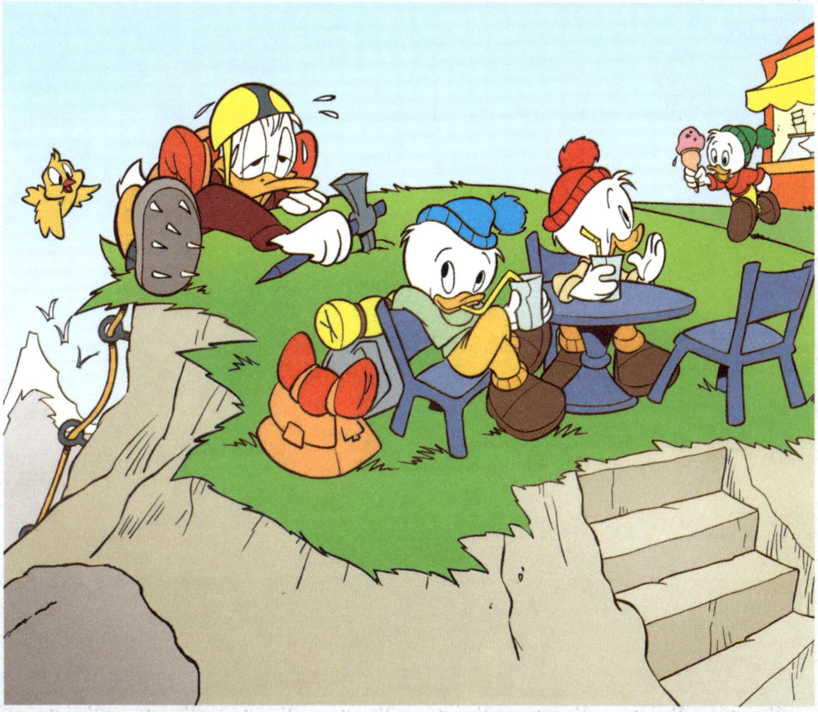

Von dieser Seite des Berges sieht man es: das Geheimnis der Jugend. Foto: Duckpress

Bei prächtigem Sonnenschein und idealen Temperaturen versammelten sich die Teilnehmer des 3. Bezwing-den-Berg-Bewerbs am Fuße des Kleinen Schnabelhorns. Das Starterfeld war überschaubar: Es bestand lediglich aus der Familie Duck. Siegessicher zurrte Donald Duck seine Seile fest. Bestens ausgerüstet konnte er den Start kaum erwarten. „Nur net hudln", ermahnte der Wettkampfleiter die Kraxel-Kontrahenten und gab schließlich das Kommando. Die Kletterpartie begann. Auf halber Höhe gab Dagobert Duck als Erster auf und widmete sich lieber den Berg- und Talfahrten der Börsenkurse. So ergab sich ein Zweikampf zwischen dem Team Tick, Trick und Track und ihrem Onkel Donald. Dieser ging dank düsenbetriebener Dampfschuhe in Führung, doch die Neffen holten auf. Dann setzte er auf Sprungfedern und hüpfte um den Berg. „Wie ist das nur möglich?", schnaufte Duck, als er den Gipfel erklomm und die Sieger Tick, Trick und Track sich bereits erfrischten. (ko)

Polizeibericht

Opa Knacks Tanten

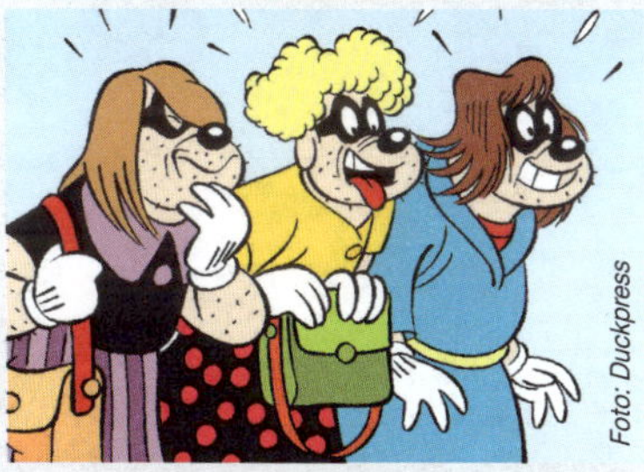

Foto: Duckpress

Diese drei Damen sehen verdächtig aus! Der Wachmann des Juweliergeschäfts Klunker alarmierte gestern Abend die Gendarmerie. Der Grund: Normalerweise interessieren sich Frauen für die Auslagen eines Geschäfts, nicht für die Alarmanlage. Pech, das hatte Opa Knack nicht bedacht. Für den Diebstahl brauchte er einen Lockvogel. Da die dafür vorgesehene Bekannte, Berta Bruch, nicht rechtzeitig erschien, überredete Opa Knack seine Jungs als Frauen verkleidet die Rolle zu übernehmen. (ko)

Wissenschaft

Weiß jetzt grün

Das Edelweiß ist die wohl berühmteste Pflanze der Alpen und daher auch nicht sicher vor seinen Fans. „Jeder depperte Wandervogel pflückt die Blume, wenn er sie sieht", so Prof. Dr. Grünadaumn. Deshalb hat sich der Wissenschaftler ganz der Rettung der Pflanze verschrieben. Gestern präsentierte er stolz die Lösung des Problems: das Edelgrün! Mithilfe einer kleinen genetischen Veränderung ist es ihm gelungen, die Pflanze umzufärben. Gut getarnt inmitten anderer grüner Pflanzen wird das seltene Blümchen hoffentlich nicht mehr erkannt und gepflückt. (je)

Zitat der Woche

„Hinaus in Feld und Flur!
Hinauf auf Gipfel und Grat!
Durch Hag und Heide, durch Moor,
Modder und Morast!"
(Donald Duck)

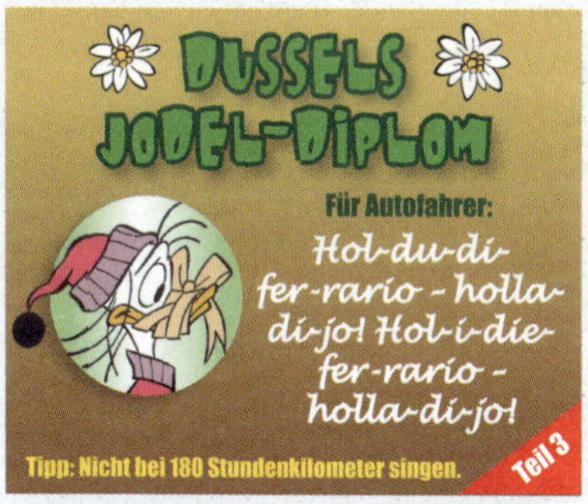

AIR ENTENHAUSEN

Ganzweitfort	ab	79 Taler
Schmalzburg	ab	89 Taler
Schmarrn am See	ab	49 Taler

vom 15. bis 21. November

Essen & Trinken

Frische Topfengolatschen. Täglich beim Bäcker am Naschmarkt.

SERVUS*

Die Suche nach der Elefantenkuh Juno führt die Familie Duck nach Österreich. Dort gibt es viel zu entdecken – seht selbst!

Arnold Schwarzenegger nannte sich zu Beginn seiner Schauspieler-Karriere „Arnold Strong". Strong ist Englisch und bedeutet übersetzt: stark.

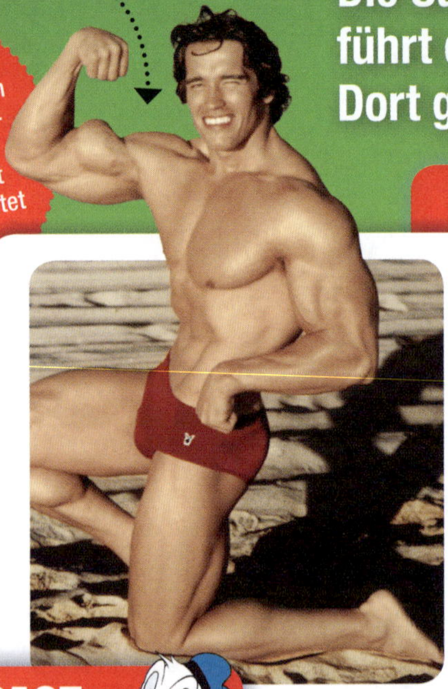

ARNOLD SCHWARZENEGGER

Sportler, Filmschauspieler und Politiker – Arnold Schwarzenegger ist einer der bekanntesten Menschen Österreichs und hat in seinem Leben viel erreicht. Er gewann den Titel „Mister Universum" im Bodybuilding, drehte mehr als 40 erfolgreiche Filme und war acht Jahre lang Gouverneur des amerikanischen Bundesstaates Kalifornien. In Graz gibt es ein Museum über sein Leben.

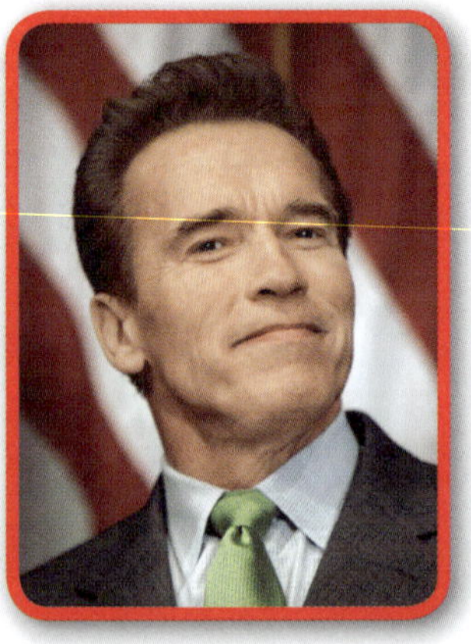

DAS SAGT DONALD

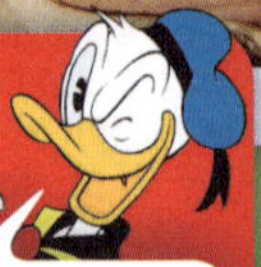

Ab heute heiße ich Donald Clever … oder noch besser: Donald Smart.[1]

[1] smart ist Englisch und bedeutet: intelligent, schlau.

MOZARTKUGELN

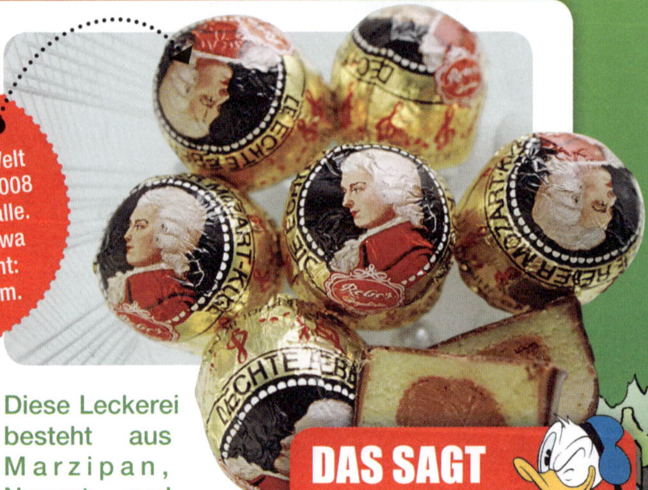

Rekord! Die größte Mozartkugel der Welt fertigten im Jahr 2008 Konditoren aus Halle. Durchmesser: etwa 1 Meter, Gewicht: 193,6 Kilogramm.

Diese Leckerei besteht aus Marzipan, Nougat und Schokolade. Erfunden hat die Mozartkugel der Salzburger Konditor Paul Fürst vor mehr als 120 Jahren. Er benannte sie nach dem berühmten Komponisten Wolfgang Amadeus Mozart (1756 – 1791), der in Salzburg geboren und aufgewachsen ist.

DAS SAGT DONALD

Soll der Klever doch auch lieber Kugeln drehen!

HOSD MI?[2]

- **Gfrast, das** – Fussel, Nichtsnutz
- **Klumpert, das** – Krimskrams, unnützes Zeug
- **Schwammerl** – Pilze
- **Tschumperl, das** – Gefängnisinsasse, leicht Verrückter
- **leiwand** – super, toll, großartig
- **Nur net hudln.** – Nur nichts übereilen.

[2] Hast mich? Das ist die Kurzform von: Hast du mich verstanden?

* TRADITIONELLER, FREUNDSCHAFTLICHER GRUSS IN ÖSTERREICH

, ENTEN!

TEIL 3

VIERSCHANZENTOURNEE

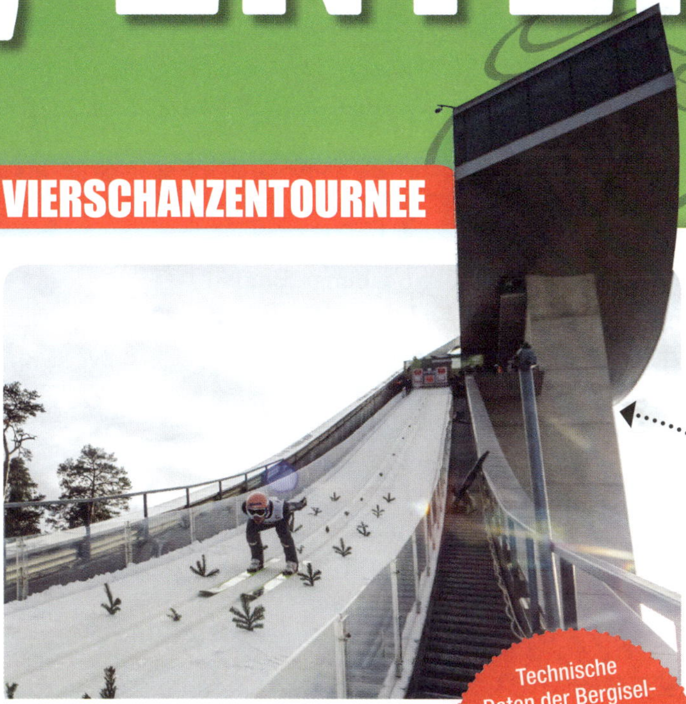

Technische Daten der Bergiselschanze in Innsbruck: Turmhöhe: 50 Meter, Anlauflänge: 91,3 Meter, Gesamthöhe der Anlage: 134 Meter.

Die Vierschanzentournee gibt es seit mehr als 60 Jahren. Sie umfasst vier Skisprung-Wettbewerbe, die immer um den Jahreswechsel stattfinden. Die Reihenfolge der Orte der Springen ist: Oberstdorf, Garmisch-Partenkirchen, Innsbruck und Bischofshofen. Der Schanzenrekord in Innsbruck liegt bei 134,5 Metern (Sven Hannawald / 2002).

DAS SAGT DONALD

Nur fliegen ist schöner!

ÖSTERREICH

Der Begriff Österreich stammt von der althochdeutschen Form Ostarrichi, die lateinische Form ist Austria („Ostland“).

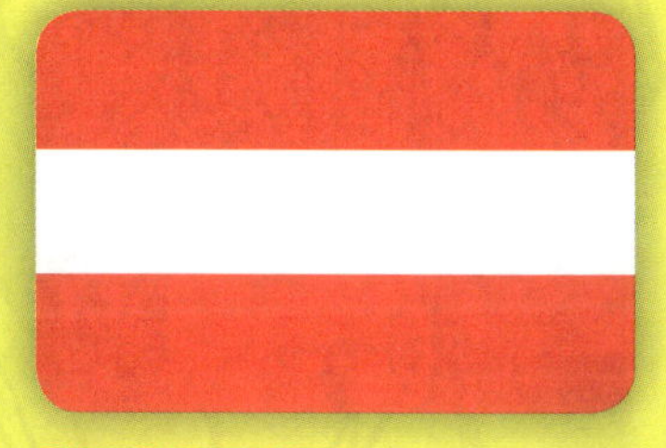

AMTSSPRACHE: Deutsch

HAUPTSTADT: Wien

FLÄCHE: 83.878,99 km²

EINWOHNER: 8.488.511[3]

WÄHRUNG: Euro

AUTOKENNZEICHEN: A

HÖCHSTER BERG: Großglockner (3798 Meter)

Geschichte: Im Jahr 1156 wurde Österreich ein eigenständiges, von Bayern unabhängiges Herzogtum, später ein Kaisertum. Die heutige Republik entstand ab 1918.

[3] Quelle: Statistik Austria, 1. Quartal 2013

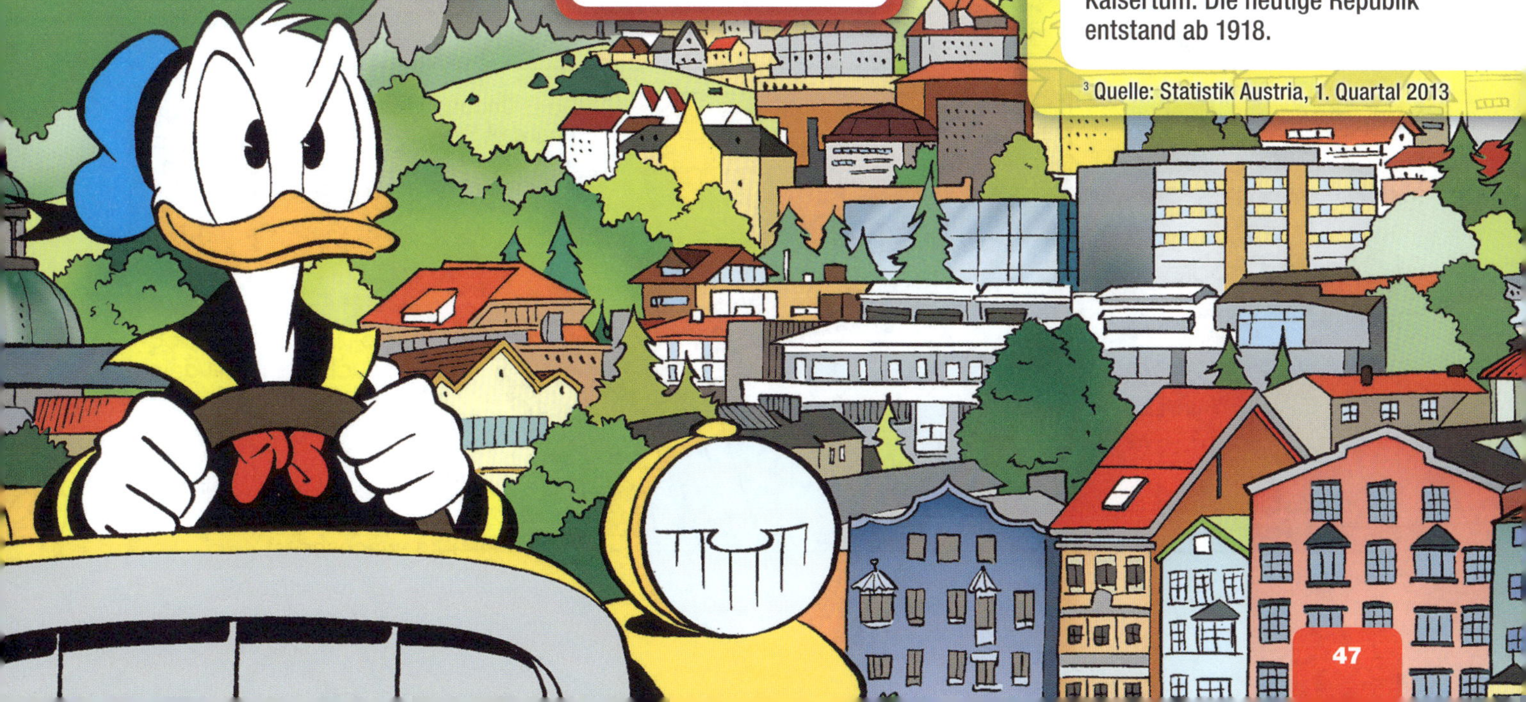

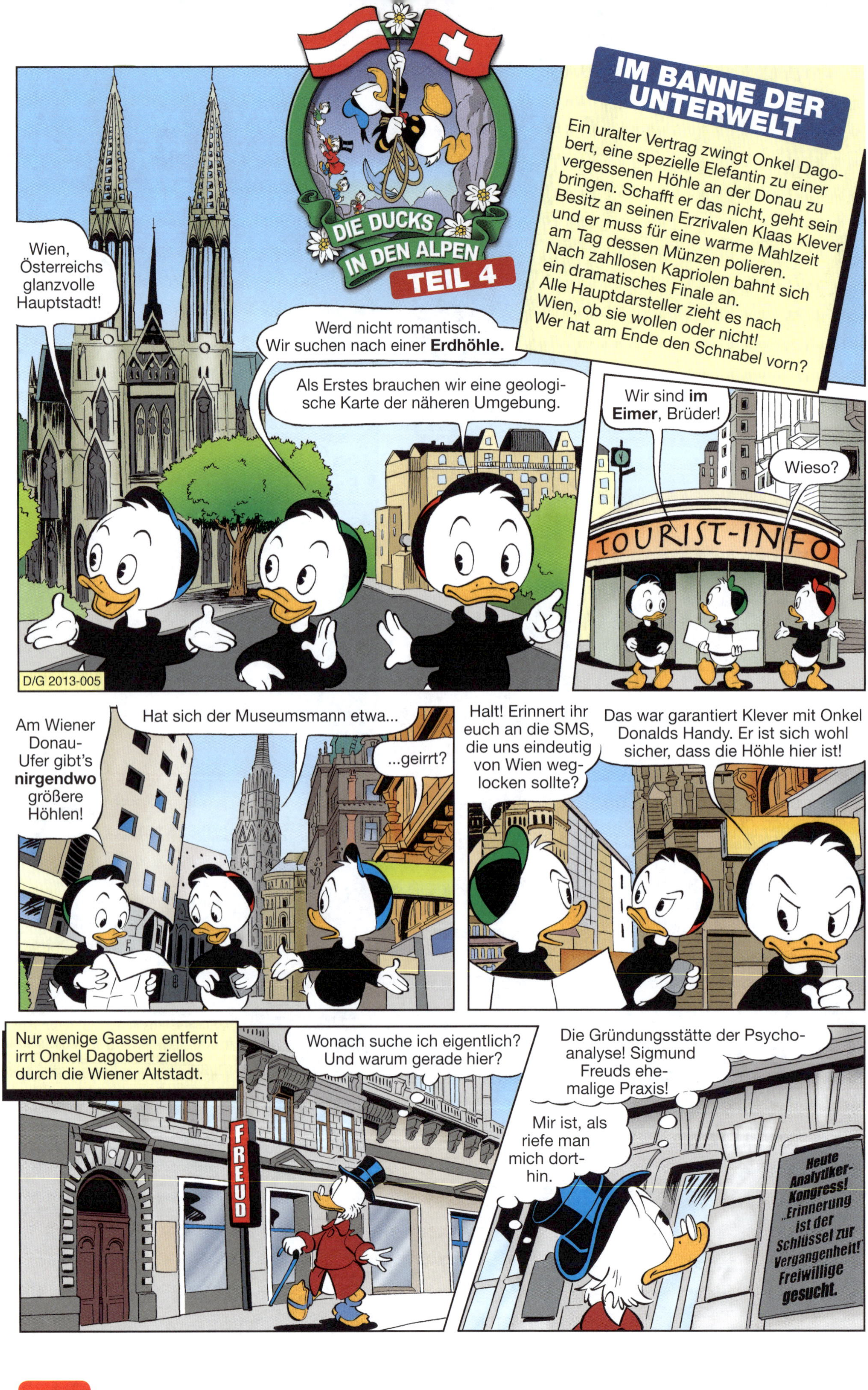
DIE DUCKS IN DEN ALPEN
TEIL 4
IM BANNE DER UNTERWELT
Ein uralter Vertrag zwingt Onkel Dagobert, eine spezielle Elefantin zu einer vergessenen Höhle an der Donau zu bringen. Schafft er das nicht, geht sein Besitz an seinen Erzrivalen Klaas Klever und er muss für eine warme Mahlzeit am Tag dessen Münzen polieren. Nach zahllosen Kapriolen bahnt sich ein dramatisches Finale an. Alle Hauptdarsteller zieht es nach Wien, ob sie wollen oder nicht! Wer hat am Ende den Schnabel vorn?
Wien, Österreichs glanzvolle Hauptstadt!
Werd nicht romantisch. Wir suchen nach einer **Erdhöhle.**
Als Erstes brauchen wir eine geologische Karte der näheren Umgebung.
D/G 2013-005
Wir sind **im Eimer**, Brüder!
Wieso?
TOURIST-INFO
Am Wiener Donau-Ufer gibt's **nirgendwo** größere Höhlen!
Hat sich der Museumsmann etwa...
...geirrt?
Halt! Erinnert ihr euch an die SMS, die uns eindeutig von Wien weglocken sollte?
Das war garantiert Klever mit Onkel Donalds Handy. Er ist sich wohl sicher, dass die Höhle hier ist!
Nur wenige Gassen entfernt irrt Onkel Dagobert ziellos durch die Wiener Altstadt.
Wonach suche ich eigentlich? Und warum gerade hier?
FREUD
Die Gründungsstätte der Psychoanalyse! Sigmund Freuds ehemalige Praxis!
Mir ist, als riefe man mich dorthin.
Heute Analytiker-Kongress! „Erinnerung ist der Schlüssel zur Vergangenheit!" Freiwillige gesucht.

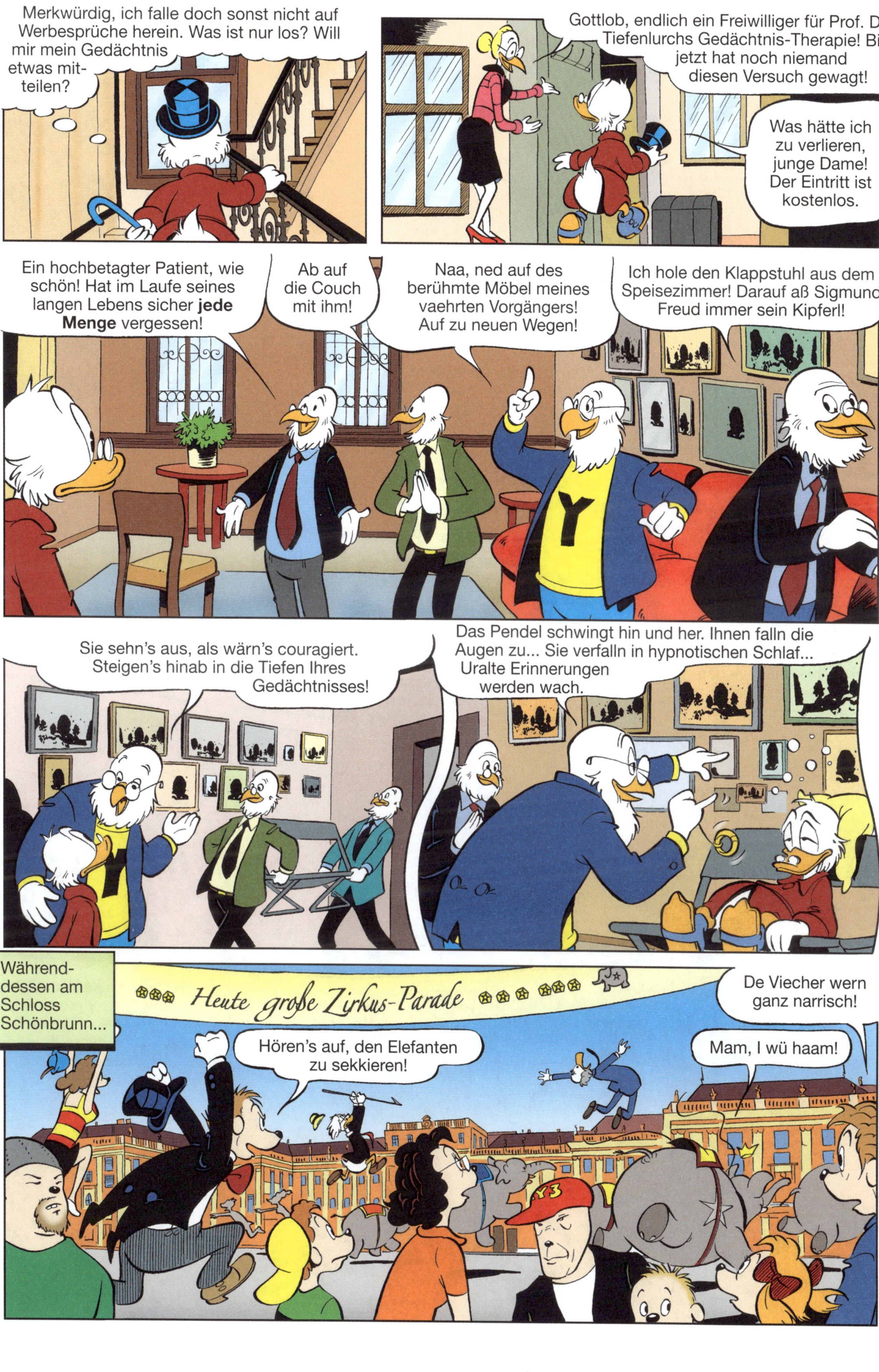
Merkwürdig, ich falle doch sonst nicht auf Werbesprüche herein. Was ist nur los? Will mir mein Gedächtnis etwas mitteilen?
Gottlob, endlich ein Freiwilliger für Prof. Dr. Tiefenlurchs Gedächtnis-Therapie! Bis jetzt hat noch niemand diesen Versuch gewagt!
Was hätte ich zu verlieren, junge Dame! Der Eintritt ist kostenlos.
Ein hochbetagter Patient, wie schön! Hat im Laufe seines langen Lebens sicher **jede Menge** vergessen!
Ab auf die Couch mit ihm!
Naa, ned auf des berühmte Möbel meines vaehrten Vorgängers! Auf zu neuen Wegen!
Ich hole den Klappstuhl aus dem Speisezimmer! Darauf aß Sigmund Freud immer sein Kipferl!
Sie sehn's aus, als wärn's couragiert. Steigen's hinab in die Tiefen Ihres Gedächtnisses!
Das Pendel schwingt hin und her. Ihnen falln die Augen zu... Sie verfalln in hypnotischen Schlaf... Uralte Erinnerungen werden wach.
Währenddessen am Schloss Schönbrunn...
Heute große Zirkus-Parade
Hören's auf, den Elefanten zu sekkieren!
Mam, I wü haam!
De Viecher wern ganz narrisch!

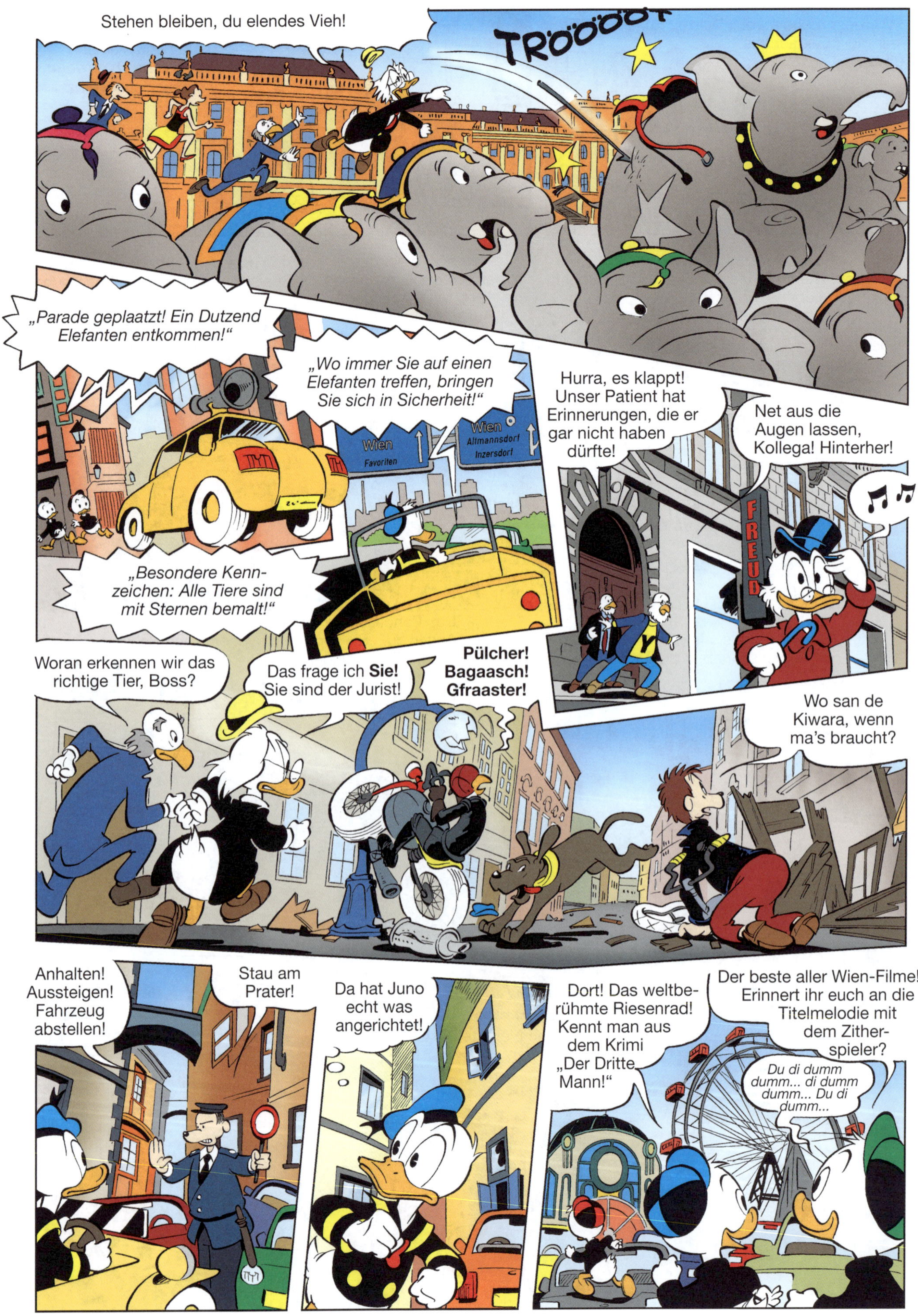
Stehen bleiben, du elendes Vieh!
TRÖÖÖÖT
„Parade geplaatzt! Ein Dutzend Elefanten entkommen!“
„Wo immer Sie auf einen Elefanten treffen, bringen Sie sich in Sicherheit!“
Wien Favoriten
Wien Altmannsdorf Inzersdorf
„Besondere Kennzeichen: Alle Tiere sind mit Sternen bemalt!“
Hurra, es klappt! Unser Patient hat Erinnerungen, die er gar nicht haben dürfte!
Net aus die Augen lassen, Kollega! Hinterher!
FREUD
Woran erkennen wir das richtige Tier, Boss?
Das frage ich **Sie!** Sie sind der Jurist!
Pülcher! Bagaasch! Gfraaster!
Wo san de Kiwara, wenn ma's braucht?
Anhalten! Aussteigen! Fahrzeug abstellen!
Stau am Prater!
Da hat Juno echt was angerichtet!
Dort! Das weltberühmte Riesenrad! Kennt man aus dem Krimi „Der Dritte Mann!“
Der beste aller Wien-Filme! Erinnert ihr euch an die Titelmelodie mit dem Zitherspieler?
Du di dumm dumm... di dumm dumm... Du di dumm...

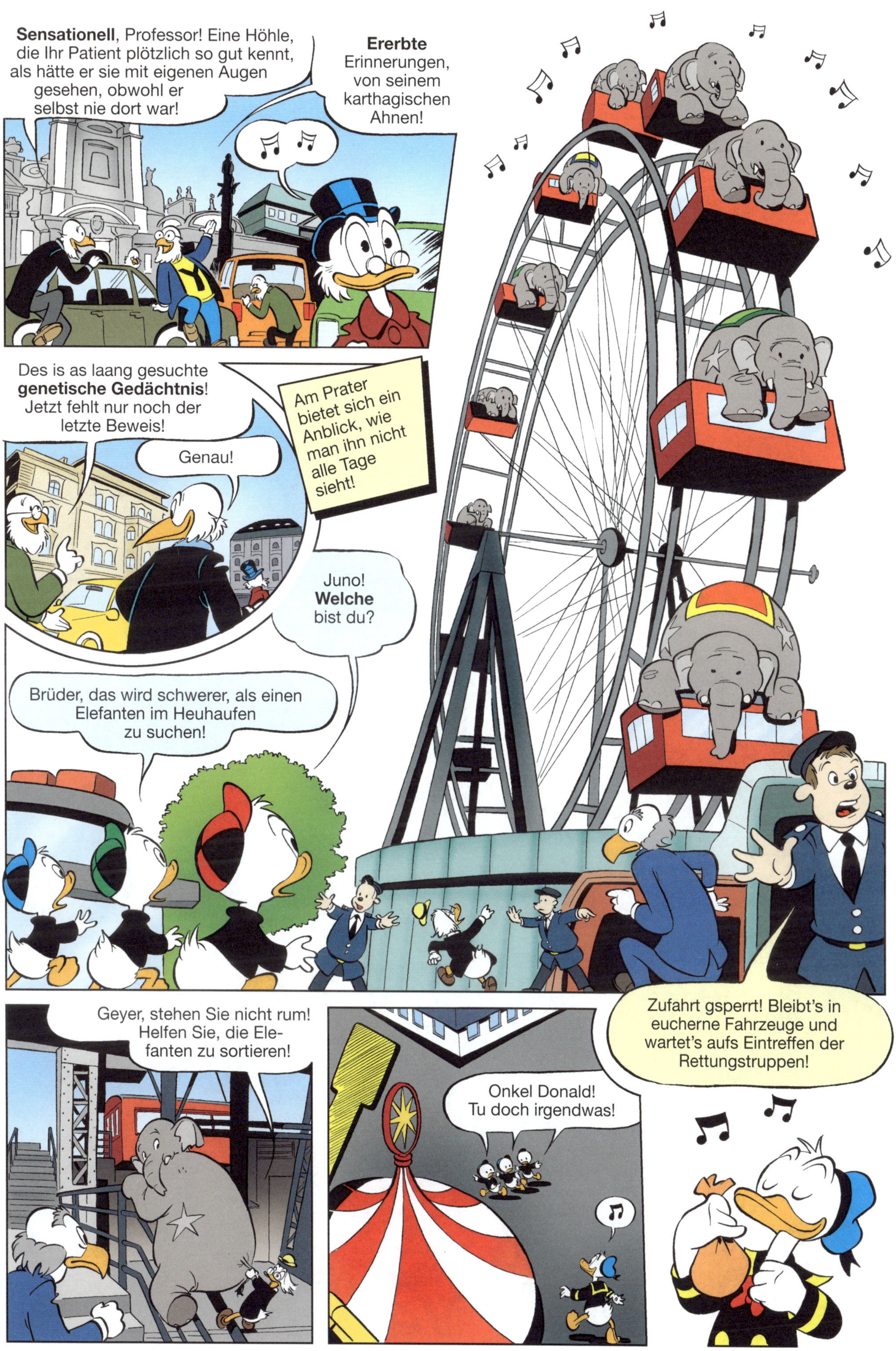
Sensationell, Professor! Eine Höhle, die Ihr Patient plötzlich so gut kennt, als hätte er sie mit eigenen Augen gesehen, obwohl er selbst nie dort war!
Ererbte Erinnerungen, von seinem karthagischen Ahnen!
Des is as laang gesuchte **genetische Gedächtnis**! Jetzt fehlt nur noch der letzte Beweis!
Genau!
Am Prater bietet sich ein Anblick, wie man ihn nicht alle Tage sieht!
Juno! **Welche** bist du?
Brüder, das wird schwerer, als einen Elefanten im Heuhaufen zu suchen!
Zufahrt gsperrt! Bleibt's in eucherne Fahrzeuge und wartet's aufs Eintreffen der Rettungstruppen!
Geyer, stehen Sie nicht rum! Helfen Sie, die Elefanten zu sortieren!
Onkel Donald! Tu doch irgendwas!

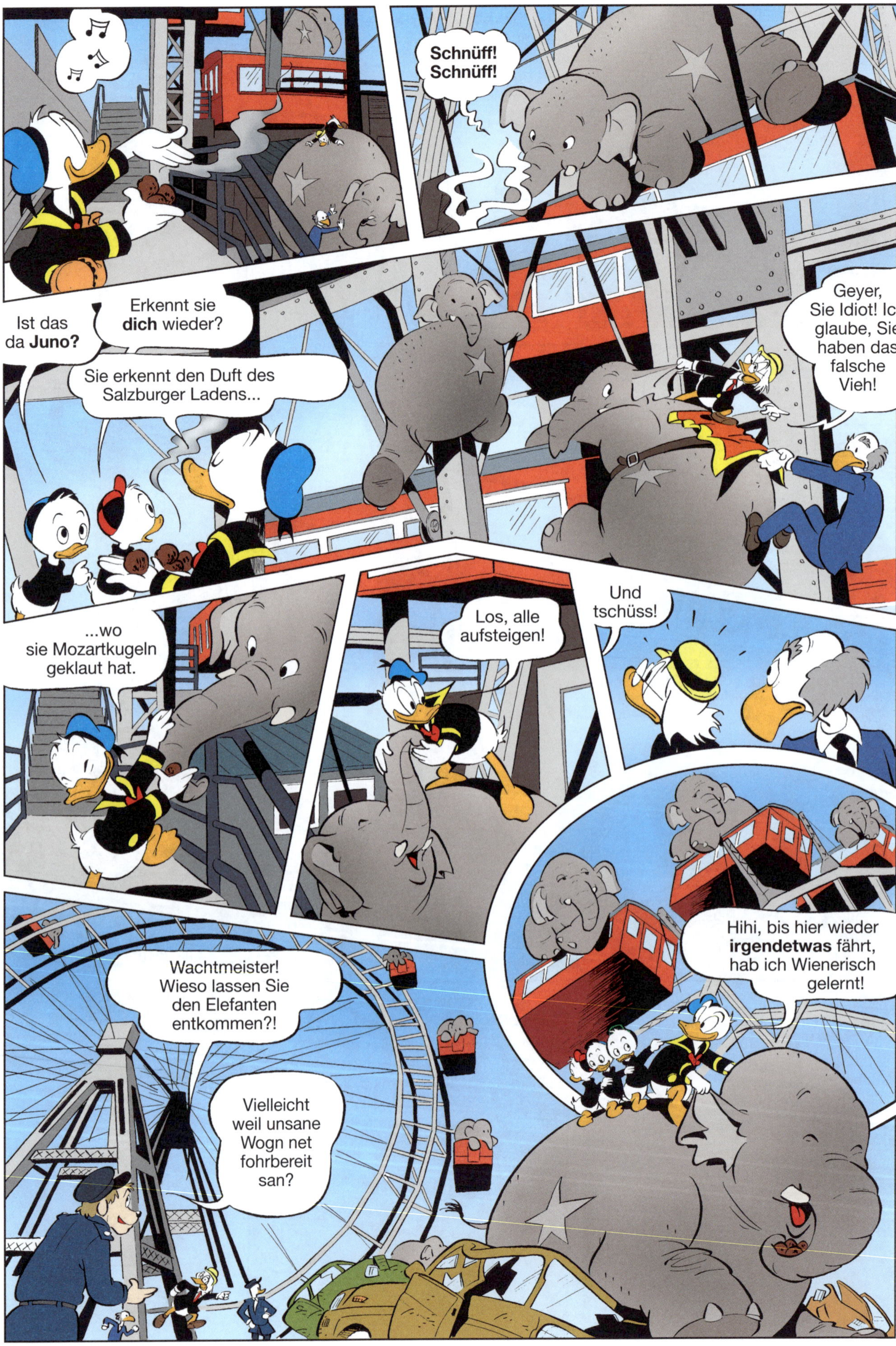
Schnüff! Schnüff!
Ist das da **Juno?**
Erkennt sie **dich** wieder?
Sie erkennt den Duft des Salzburger Ladens...
Geyer, Sie Idiot! Ich glaube, Sie haben das falsche Vieh!
...wo sie Mozartkugeln geklaut hat.
Los, alle aufsteigen!
Und tschüss!
Wachtmeister! Wieso lassen Sie den Elefanten entkommen?!
Vielleicht weil unsane Wogn net fohrbereit san?
Hihi, bis hier wieder **irgendetwas** fährt, hab ich Wienerisch gelernt!

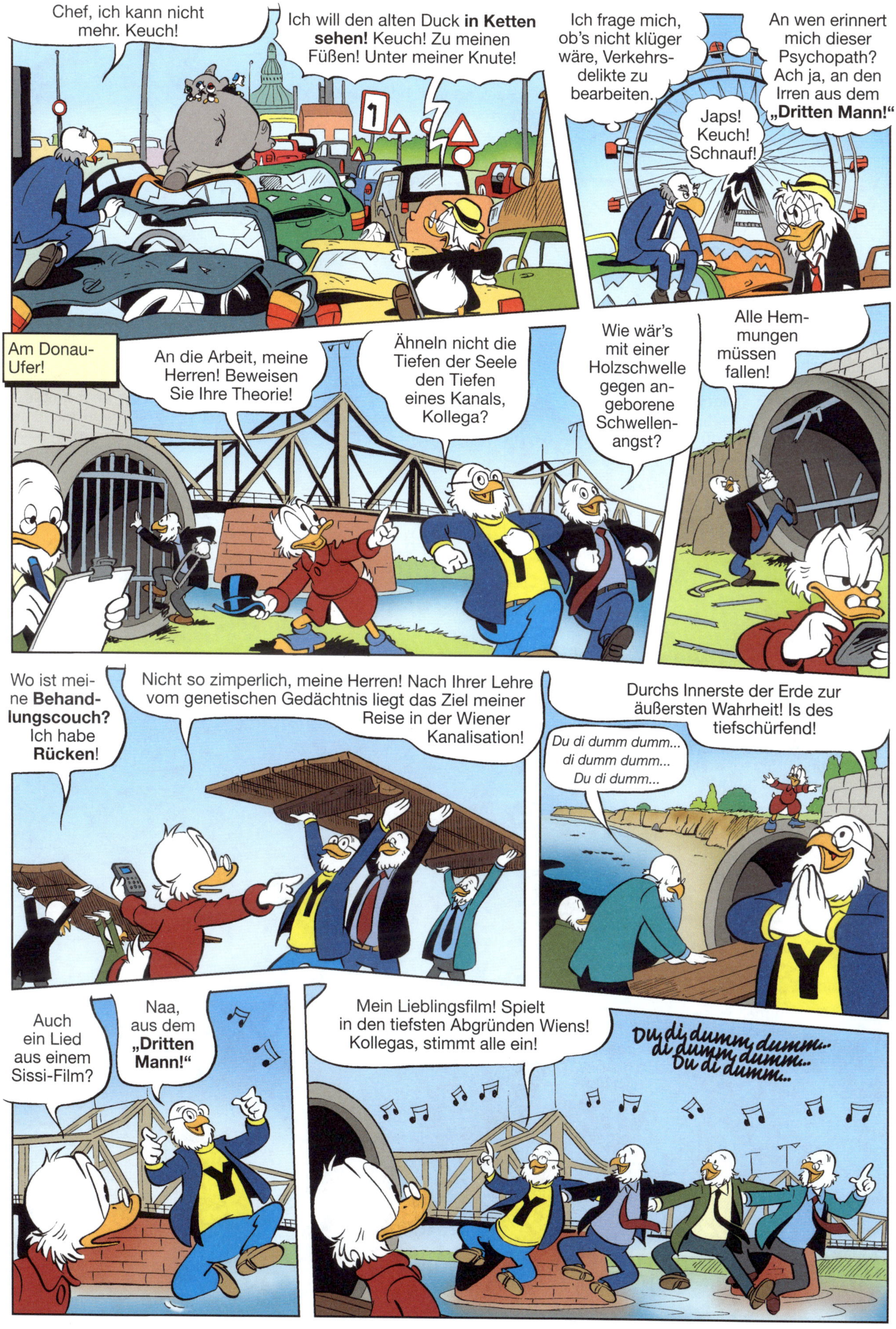
Chef, ich kann nicht mehr. Keuch!
Ich will den alten Duck **in Ketten sehen!** Keuch! Zu meinen Füßen! Unter meiner Knute!
Ich frage mich, ob's nicht klüger wäre, Verkehrsdelikte zu bearbeiten...
Japs! Keuch! Schnauf!
An wen erinnert mich dieser Psychopath? Ach ja, an den Irren aus dem **„Dritten Mann!"**
Am Donau-Ufer!
An die Arbeit, meine Herren! Beweisen Sie Ihre Theorie!
Ähneln nicht die Tiefen der Seele den Tiefen eines Kanals, Kollega?
Wie wär's mit einer Holzschwelle gegen angeborene Schwellenangst?
Alle Hemmungen müssen fallen!
Wo ist meine **Behandlungscouch?** Ich habe **Rücken**!
Nicht so zimperlich, meine Herren! Nach Ihrer Lehre vom genetischen Gedächtnis liegt das Ziel meiner Reise in der Wiener Kanalisation!
Durchs Innerste der Erde zur äußersten Wahrheit! Is des tiefschürfend!
Du di dumm dumm... di dumm dumm... Du di dumm...
Auch ein Lied aus einem Sissi-Film?
Naa, aus dem **„Dritten Mann!"**
Mein Lieblingsfilm! Spielt in den tiefsten Abgründen Wiens! Kollegas, stimmt alle ein!
Du di dumm dumm.. di dumm dumm.. Du di dumm..

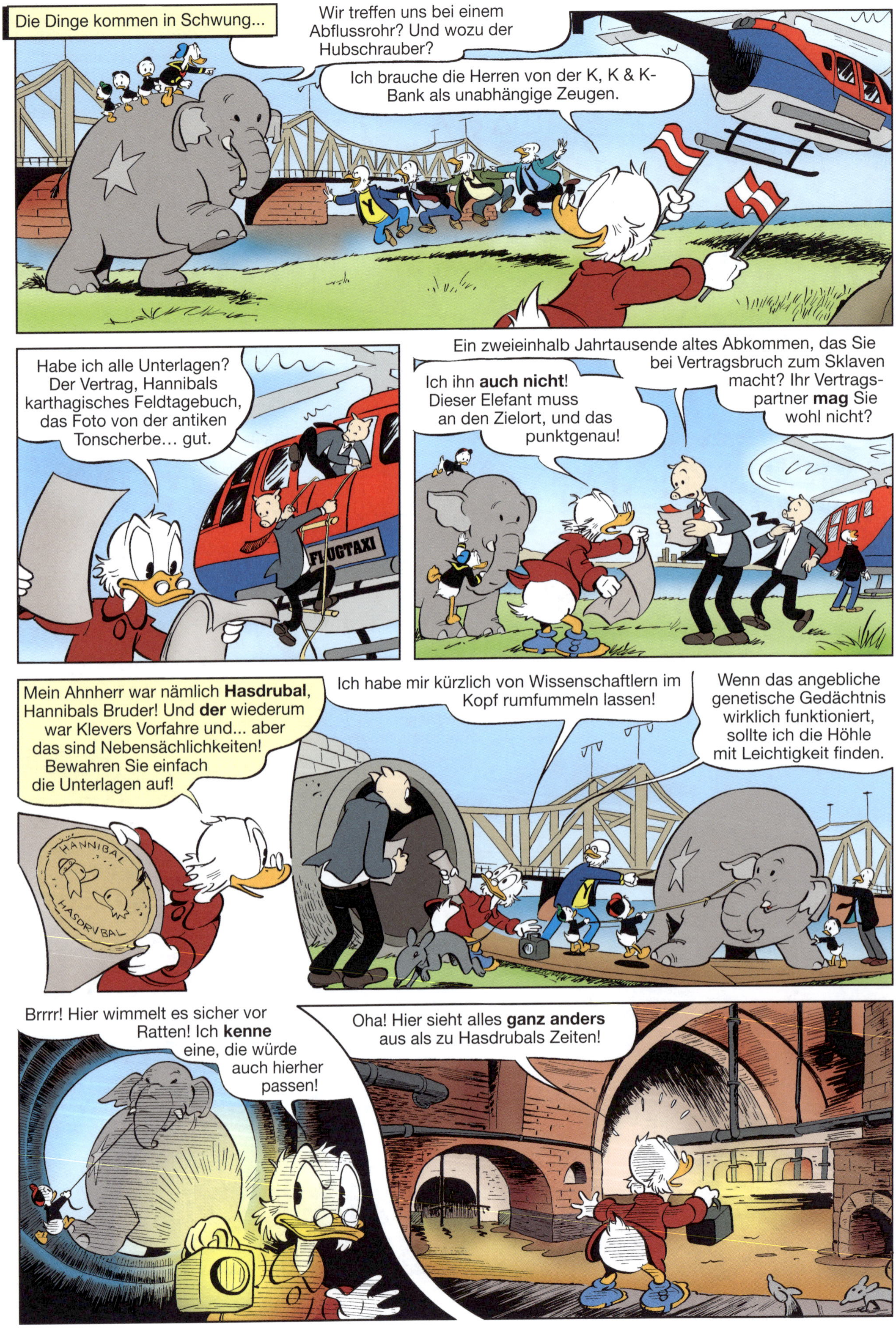
Die Dinge kommen in Schwung...
Wir treffen uns bei einem Abflussrohr? Und wozu der Hubschrauber?
Ich brauche die Herren von der K, K & K-Bank als unabhängige Zeugen.
Habe ich alle Unterlagen? Der Vertrag, Hannibals karthagisches Feldtagebuch, das Foto von der antiken Tonscherbe… gut.
FLUGTAXI
Ein zweieinhalb Jahrtausende altes Abkommen, das Sie bei Vertragsbruch zum Sklaven macht? Ihr Vertragspartner **mag** Sie wohl nicht?
Ich ihn **auch nicht**! Dieser Elefant muss an den Zielort, und das punktgenau!
Mein Ahnherr war nämlich **Hasdrubal**, Hannibals Bruder! Und **der** wiederum war Klevers Vorfahre und... aber das sind Nebensächlichkeiten! Bewahren Sie einfach die Unterlagen auf!
HANNIBAL
HASDRVBAL
Ich habe mir kürzlich von Wissenschaftlern im Kopf rumfummeln lassen!
Wenn das angebliche genetische Gedächtnis wirklich funktioniert, sollte ich die Höhle mit Leichtigkeit finden.
Brrrr! Hier wimmelt es sicher vor Ratten! Ich **kenne** eine, die würde auch hierher passen!
Oha! Hier sieht alles **ganz anders** aus als zu Hasdrubals Zeiten!

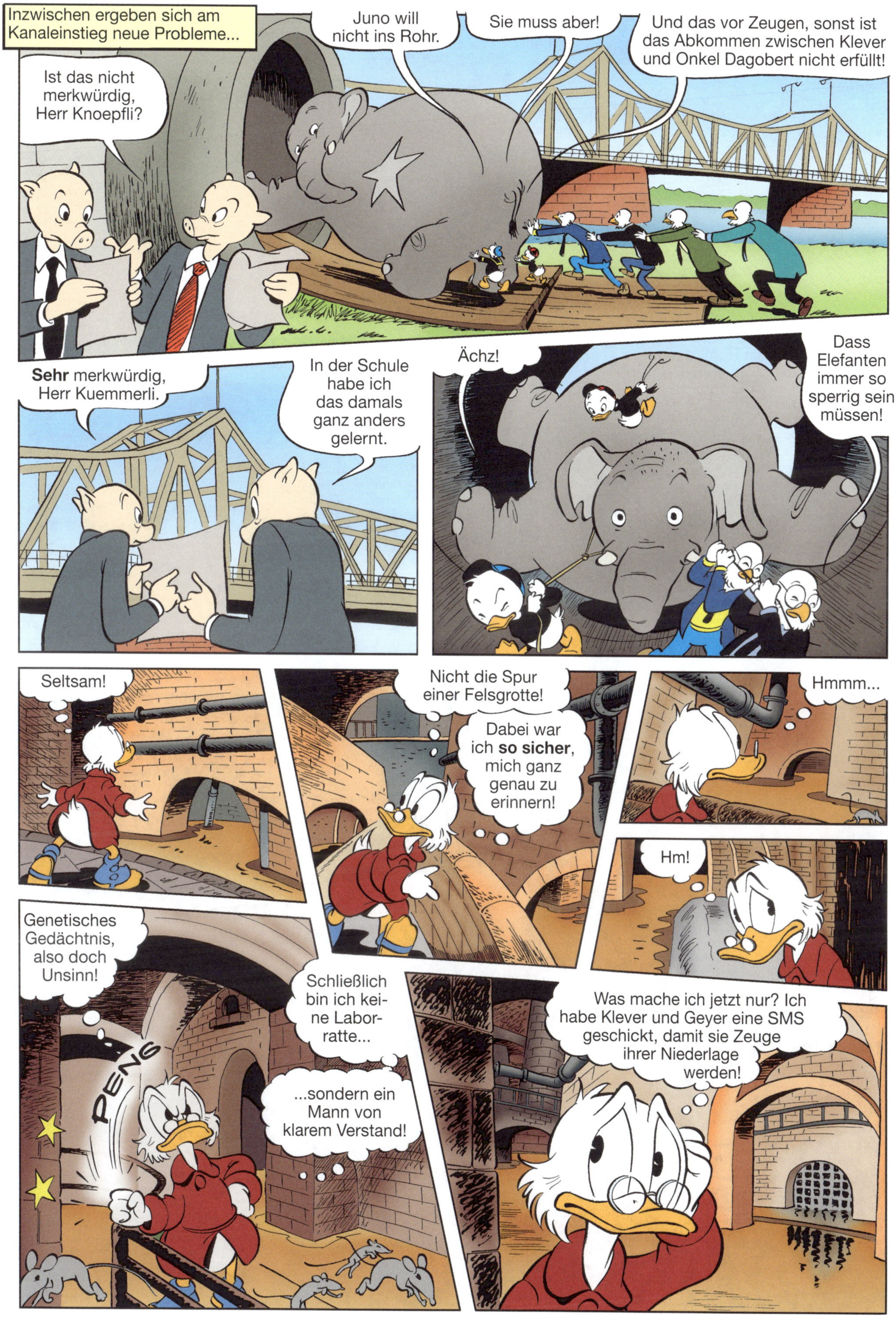
Inzwischen ergeben sich am Kanaleinstieg neue Probleme...
Ist das nicht merkwürdig, Herr Knoepfli?
Juno will nicht ins Rohr.
Sie muss aber!
Und das vor Zeugen, sonst ist das Abkommen zwischen Klever und Onkel Dagobert nicht erfüllt!
Sehr merkwürdig, Herr Kuemmerli.
In der Schule habe ich das damals ganz anders gelernt.
Ächz!
Dass Elefanten immer so sperrig sein müssen!
Seltsam!
Nicht die Spur einer Felsgrotte!
Dabei war ich **so sicher**, mich ganz genau zu erinnern!
Hmmm...
Hm!
Genetisches Gedächtnis, also doch Unsinn!
PENG
Schließlich bin ich keine Laborratte...
...sondern ein Mann von klarem Verstand!
Was mache ich jetzt nur? Ich habe Klever und Geyer eine SMS geschickt, damit sie Zeuge ihrer Niederlage werden!

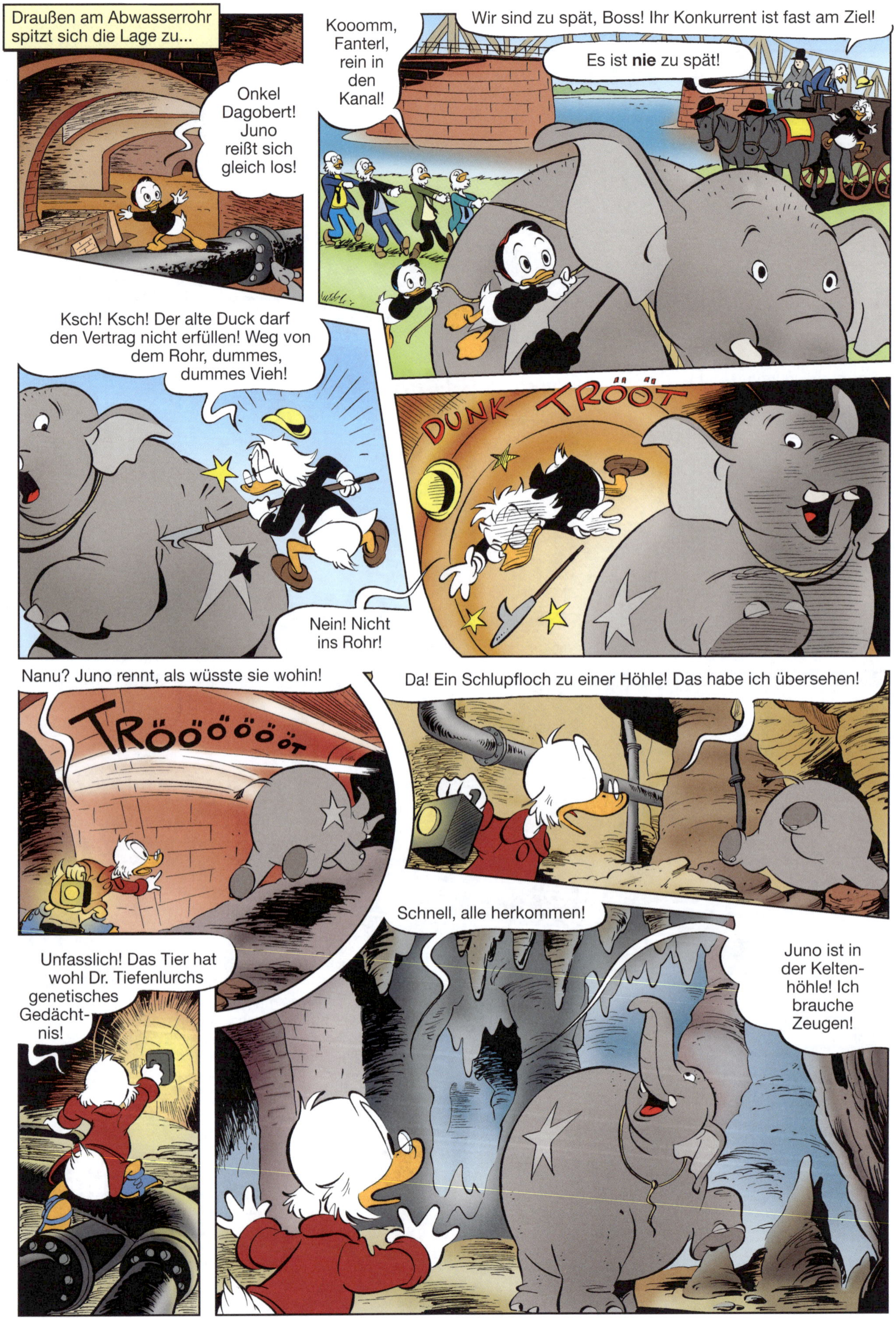

Draußen am Abwasserrohr spitzt sich die Lage zu...
Onkel Dagobert! Juno reißt sich gleich los!
Kooomm, Fanterl, rein in den Kanal!
Wir sind zu spät, Boss! Ihr Konkurrent ist fast am Ziel!
Es ist **nie** zu spät!
Ksch! Ksch! Der alte Duck darf den Vertrag nicht erfüllen! Weg von dem Rohr, dummes, dummes Vieh!
DUNK
TRÖÖT
Nein! Nicht ins Rohr!
Nanu? Juno rennt, als wüsste sie wohin!
TRÖÖÖÖÖÖT
Da! Ein Schlupfloch zu einer Höhle! Das habe ich übersehen!
Unfasslich! Das Tier hat wohl Dr. Tiefenlurchs genetisches Gedächtnis!
Schnell, alle herkommen!
Juno ist in der Keltenhöhle! Ich brauche Zeugen!

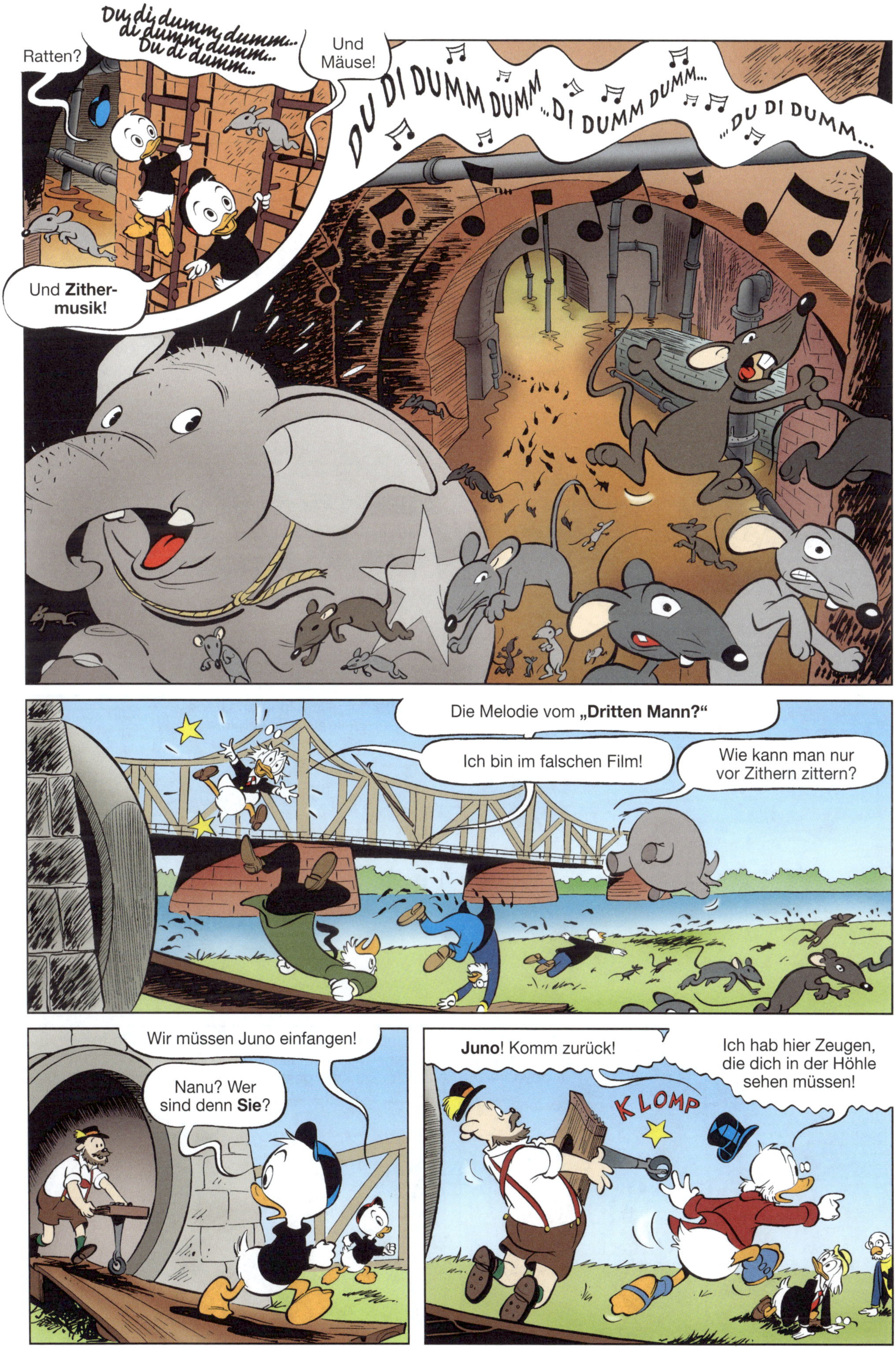

Ratten?
Du di dumm dumm... di dumm dumm... Du di dumm...
Und Mäuse!
DU DI DUMM DUMM ...DI DUMM DUMM... ...DU DI DUMM...
Und Zithermusik!
Die Melodie vom „Dritten Mann?“
Ich bin im falschen Film!
Wie kann man nur vor Zithern zittern?
Wir müssen Juno einfangen!
Nanu? Wer sind denn Sie?
Juno! Komm zurück!
Ich hab hier Zeugen, die dich in der Höhle sehen müssen!
KLOMP

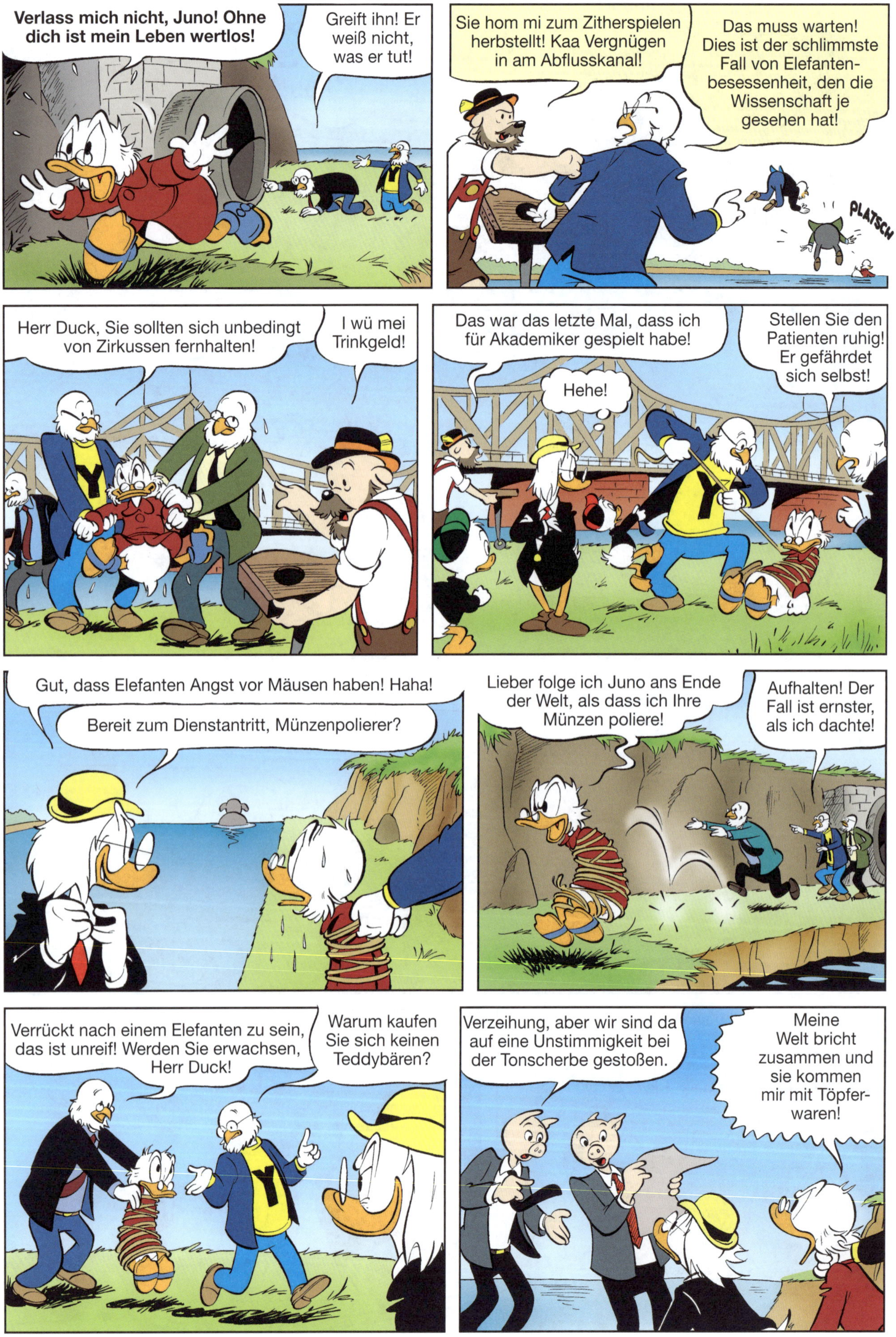

Verlass mich nicht, Juno! Ohne dich ist mein Leben wertlos!
Greift ihn! Er weiß nicht, was er tut!
Sie hom mi zum Zitherspielen herbstellt! Kaa Vergnügen in am Abflusskanal!
Das muss warten! Dies ist der schlimmste Fall von Elefanten-besessenheit, den die Wissenschaft je gesehen hat!
PLATSCH
Herr Duck, Sie sollten sich unbedingt von Zirkussen fernhalten!
I wü mei Trinkgeld!
Das war das letzte Mal, dass ich für Akademiker gespielt habe!
Hehe!
Stellen Sie den Patienten ruhig! Er gefährdet sich selbst!
Gut, dass Elefanten Angst vor Mäusen haben! Haha!
Bereit zum Dienstantritt, Münzenpolierer?
Lieber folge ich Juno ans Ende der Welt, als dass ich Ihre Münzen poliere!
Aufhalten! Der Fall ist ernster, als ich dachte!
Verrückt nach einem Elefanten zu sein, das ist unreif! Werden Sie erwachsen, Herr Duck!
Warum kaufen Sie sich keinen Teddybären?
Verzeihung, aber wir sind da auf eine Unstimmigkeit bei der Tonscherbe gestoßen.
Meine Welt bricht zusammen und sie kommen mir mit Töpfer-waren!

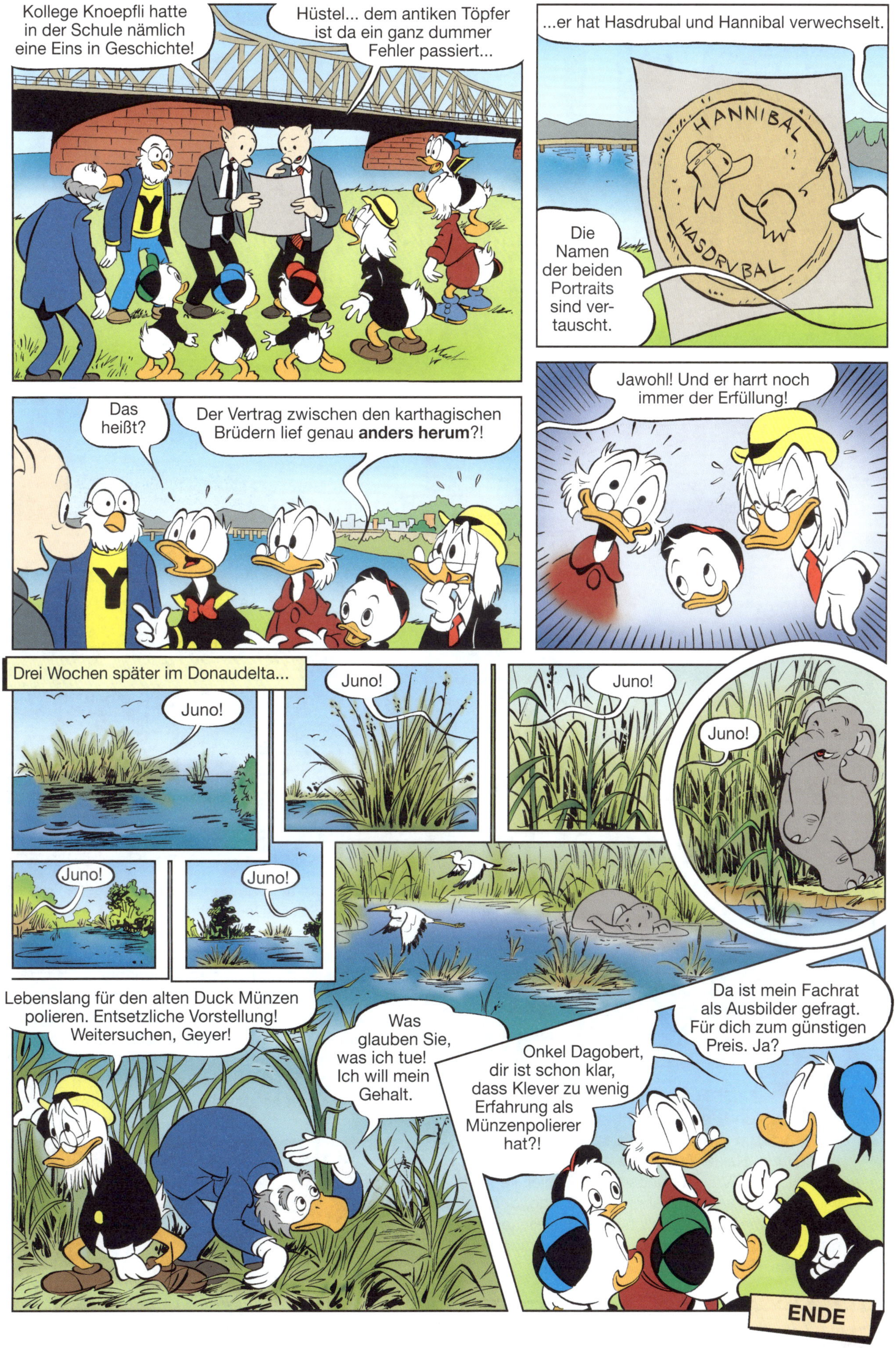
Kollege Knoepfli hatte in der Schule nämlich eine Eins in Geschichte!
Hüstel... dem antiken Töpfer ist da ein ganz dummer Fehler passiert...
...er hat Hasdrubal und Hannibal verwechselt.
HANNIBAL
HASDRVBAL
Die Namen der beiden Portraits sind vertauscht.
Das heißt?
Der Vertrag zwischen den karthagischen Brüdern lief genau **anders herum**?!
Jawohl! Und er harrt noch immer der Erfüllung!
Drei Wochen später im Donaudelta...
Juno!
Juno!
Juno!
Juno!
Juno!
Juno!
Lebenslang für den alten Duck Münzen polieren. Entsetzliche Vorstellung! Weitersuchen, Geyer!
Was glauben Sie, was ich tue! Ich will mein Gehalt.
Onkel Dagobert, dir ist schon klar, dass Klever zu wenig Erfahrung als Münzenpolierer hat?!
Da ist mein Fachrat als Ausbilder gefragt. Für dich zum günstigen Preis. Ja?
ENDE

TEIL 4 FINALE IN

Nach einer atemberaubenden Jagd durch die Alpen treffen sich die Widersacher Klaas Klever und Dagobert Duck in der österreichischen Hauptstadt. Was gibt es dort zu entdecken?

ÖSTERREICH

BUNDESLÄNDER: 9
GRÖSSTER SEE: Neusiedler See (315 km²)
ANGRENZENDE STAATEN: 9
ANZAHL GLETSCHER: 30

STEPHANSDOM

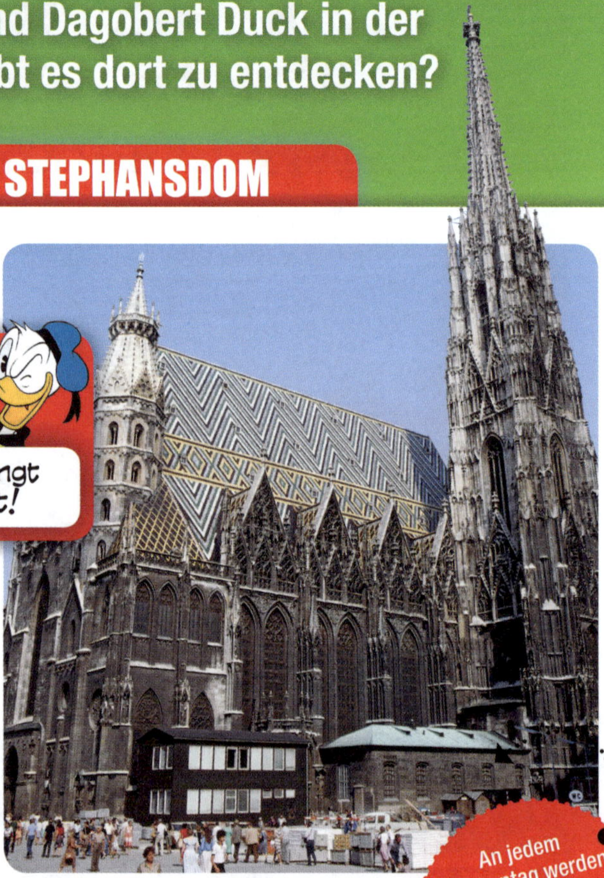

DAS SAGT DONALD

Donaldsdom klingt doch auch gut!

An jedem Wochentag werden im Stephansdom sieben, an jedem Sonntag zehn Gottesdienste gefeiert.

Das imposante Bauwerk liegt mitten in der Stadt. Der höchste Turm, der Südturm, ist 136,7 Meter hoch und wird auch „Steffl" genannt. Im Stephansdom gibt es den sogenannten „Zahnwehherrgott". Eine Legende besagt, dass einige junge Männer eine Figur mit leidendem Gesichtsausdruck verspotteten. Sie banden ihr ein Tuch um, weil sie fanden, die Figur sähe aus, als hätte sie starke Zahnschmerzen. Bald darauf erwischte es sie selbst: Zahnschmerzen.

DER PRATER

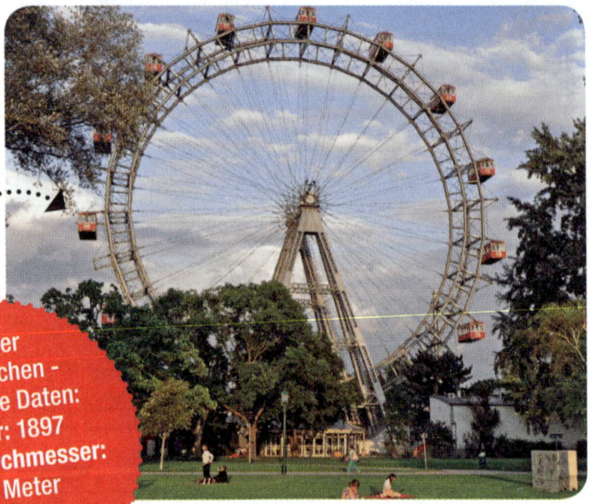

Wiener Wahrzeichen - technische Daten:
Baujahr: 1897
Gesamtdurchmesser: 60,69 Meter
Gewicht: 430 Tonnen

64,75 Meter ist es hoch und schon von Weitem sichtbar: das Riesenrad im Prater. Es wurde zum 50. Thronjubiläum Kaiser Franz Josef I. errichtet und ist Teil eines Vergnügungsparks. Dieser liegt wiederum in einer parkähnlichen Anlage, dem Wiener Prater. Ursprünglich hatte das Riesenrad 30 Waggons, nach einem Brand wurden nur noch 15 aufgehängt.

DAS SAGT DONALD

Vergnügen oder verrückt? Das ist hier die Frage!

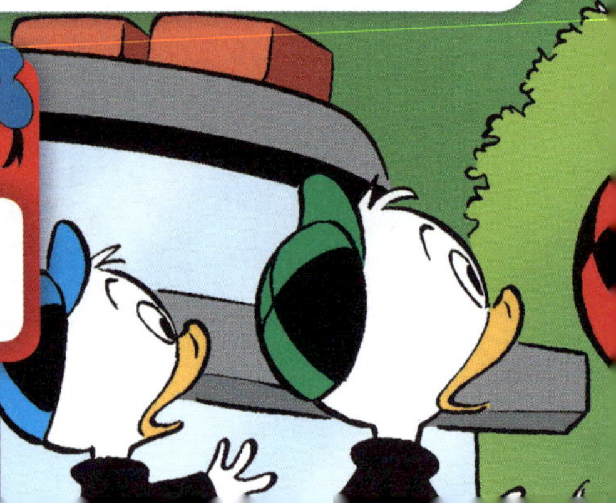

WIEN

SIGMUND FREUD

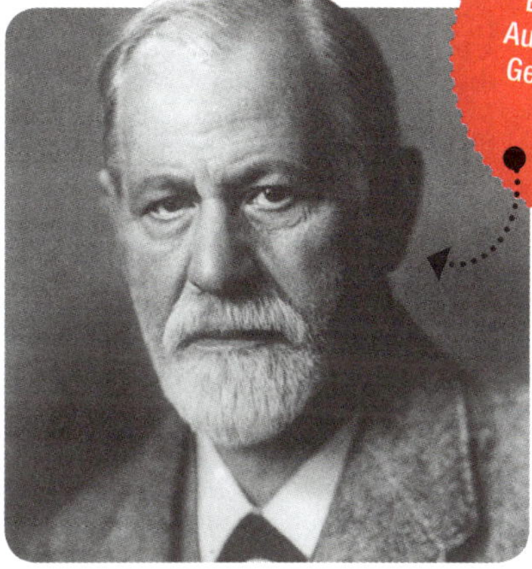

Die österreichische Währung vor dem Euro hieß Schilling. Auf dem 50-Schilling-Geldschein von 1987 war Sigmund Freud abgebildet.

Der österreichische Nervenarzt (1856-1939) gilt als Begründer der Psychoanalyse. Das Wort Psychoanalyse stammt ab von den griechischen Begriffen psyche = Seele und analysis = Zerlegung. Sigmund Freud beschäftigte sich mit der Untersuchung und „Enträtselung“ der menschlichen Seele, beispielsweise auch mit der Traumdeutung.

ÖSTERREICHISCH KNEISSEN[1]

narrisch – verrückt
sekkieren – belästigen, quälen
Pülcher – Gauner, Kleinkrimineller
Schleckerpatzl! – Ätsch!
Ghupft wia ghatscht – gehüpft wie gesprungen[2]
Häfn – Gefängnis

[1] kapieren, verstehen
[2] Dieses Sprichwort bedeutet: Es ist egal.

DAS SAGT DONALD

Ich träume am liebsten in der Hängematte.

ÖSTERREICHISCHE KÜCHE

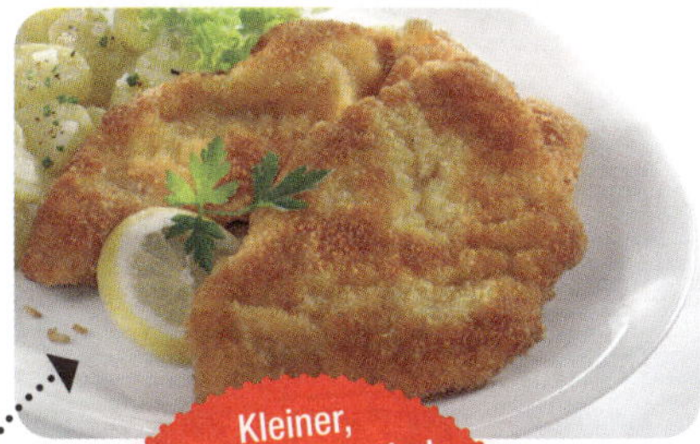

Kleiner, feiner Unterschied: Das echte „Wiener Schnitzel“ muss aus Kalbfleisch sein. Ein Schnitzel aus Schweinefleisch oder Geflügel bezeichnet man als „Schnitzel Wiener Art“.

Familie Duck hat sich zum Ende ihrer Reise eine ordentliche Stärkung verdient. Hier ist die Liste ihrer Lieblingsessen:

1. Wiener Schnitzel (mit Erdapfelsalat[3])
2. Kaiserschmarrn
3. Germknödel mit Vanillesoße
4. Apfelstrudel
5. Krautfleckerl[4]

[3] Erdäpfel sind Kartoffeln, [4] Fleckerl sind eine österreichische Nudelspezialität

Nr. 180 *Zeitung für Entenhausen*

ENTEN-KURIER

Angriff der Palatschinken!

Teig-Ufo sorgt für Aufregung in Schmarrndorf

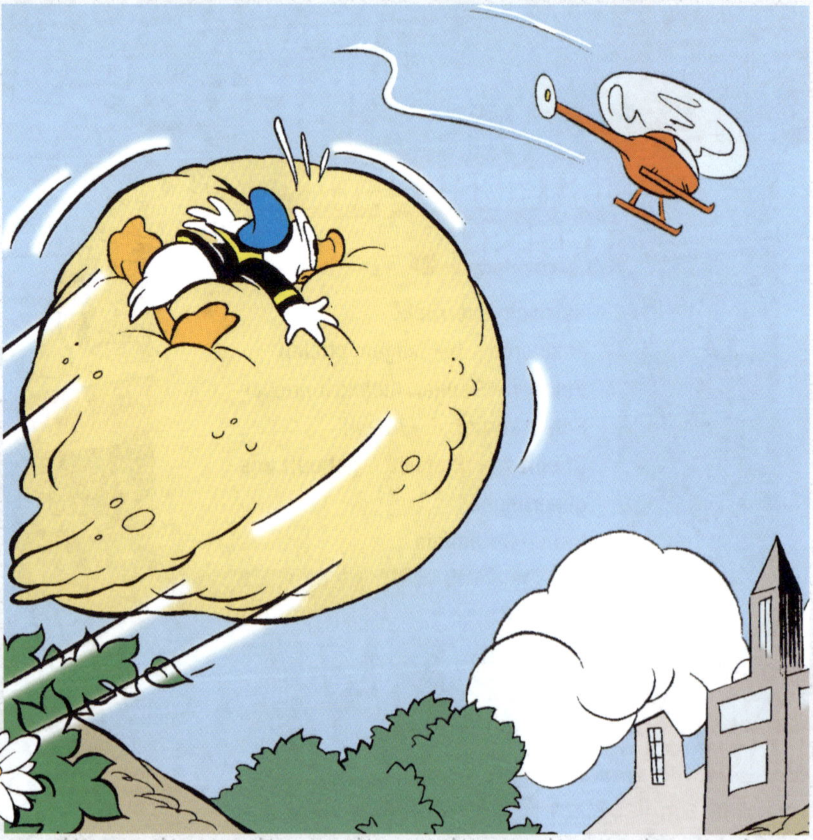

Ein unbekanntes Flugobjekt nähert sich Schmarrndorf Foto: Duckpress

Um Punkt zwölf Uhr mittags verdunkelte sich gestern der Himmel über Schmarrndorf. Die Sorge, es könne sich um einen Angriff aus dem All oder eine besonders finstere Wetterfront handeln, konnte schnell verworfen werden. Was sich hier vor die Sonne schob, war nichts weiter als eine überdimensionale Palatschinke (auch bekannt unter dem Namen Eierkuchen, Anm. der Red.). Was war passiert? Eigentlich wollte Donald Duck, der unfreiwillige Pilot des ungewönlichen Flugobjekts, die größte Palatschinke aller Zeiten backen. Damit die Palatschinke trotz ihrer Größe auch schön locker bleibt, hat er Düsentriebs Spezial-Backpulver untergemischt. Anscheinend muss er sich bei der Portionierung geirrt haben. Als er den Teig in die Pfanne gab, blähte er sich wie ein Ballon auf und hob ab. Um die Palatschinke am Wegfliegen zu hindern, war Donald Duck mutig auf den Teig gesprungen. Allerdings wurde er in luftige Höhen mitgerissen. Über Schmarrndorf war der Palatschinke dann die Puste ausgegangen und sie segelte sanft zur Erde. Die Köche der 1. Palatschinken-Meisterschaft nutzten die Gelegenheit und bereiteten aus dem Teig-Ufo den vermutlich größten Kaiserschmarrn aller Zeiten zu. (je)

Zitat der Woche

„Ich wage gar nicht zu befürchten, was ich befürchte, befürchten zu müssen."
(Dagobert Duck)

Wissenschaft

Jodel dich glücklich

Jodeln entspannt, macht glücklich und sorgt für Abkühlung bei Hitzköpfen. Das haben Wissenschaftler jetzt in einer Untersuchung herausgefunden. Sie beobachteten zwanzig Testpersonen über einen Zeitraum von einem Monat. Das Ergebnis: Wer sich täglich zehn Minuten nach dem Aufstehen laut im Spiegel anjodelt, tut etwas für sein Wohlbefinden. „Der gewünschte Effekt stellt sich schon nach wenigen Tagen ein", so Professor Dudeldö. (je)

Gesellschaft

Echt K.U.H.L.

Tick, Trick und Track bekamen am Donnerstag den K.U.H.L.-Orden verliehen. Den Orden für **k**ontinuierliche **u**nermüdliche **h**eldenhafte **L**eistungen verdienten sich die drei Fieselschweiflinge durch ihre letzte Heldentat: Sie retteten das Schaf Berta vom Gipfel des Hinteren Wolfzahns. Das Schaf hatte den Anschluss zur Herde verloren und sich in den Bergen verlaufen. (je)

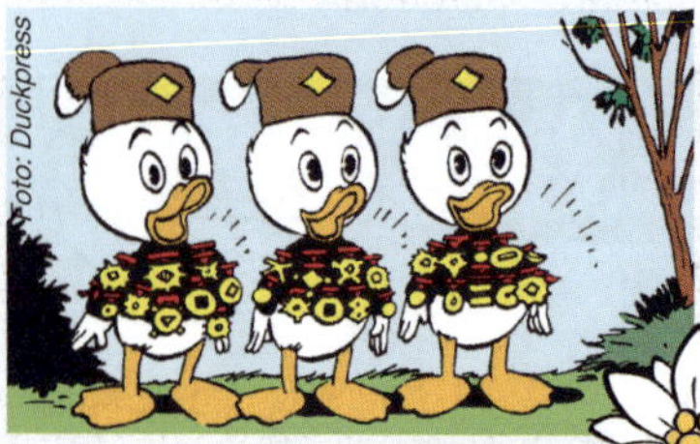

Foto: Duckpress

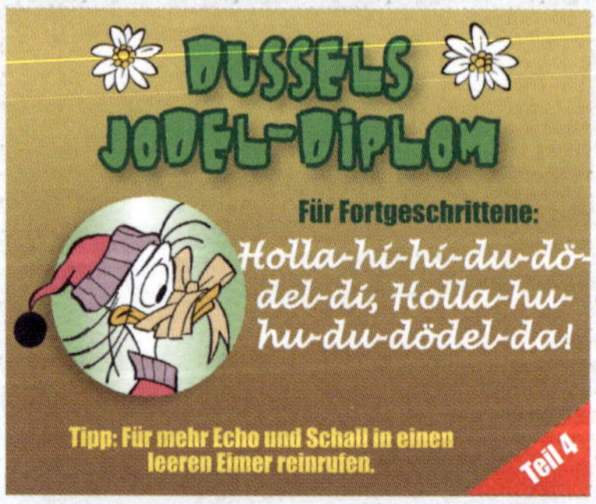

Reisen

Wanderwoche für Plattfüße und lahme Enten, 5 Tage nur 129 Taler. *www.wandern.ente*

3-tägige Berg- und Talfahrt für Geschäftsleute. Aktienkurse werden im Stundentakt angezeigt. Jetzt buchen unter. *www.wanderaktie.ente*

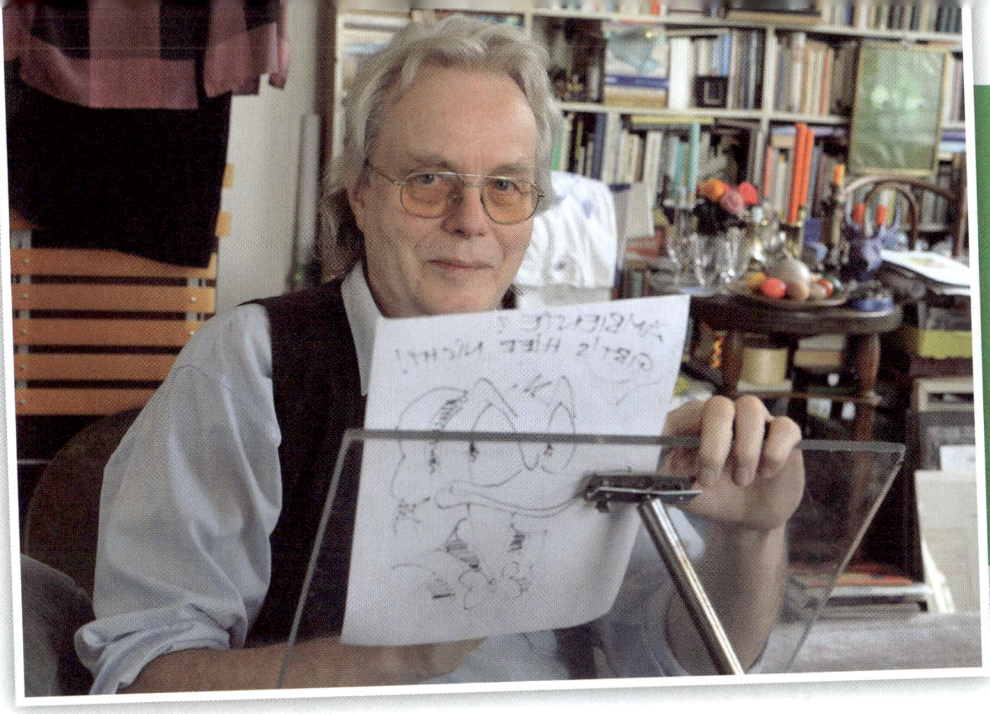

STECKBRIEF

NAME: JAN GULBRANSSON
GEBOREN AM: 4. JUNI 1949
GEBOREN IN: MÜNCHEN

Jan Gulbransson ist der einzige lizenzierte Disney-Zeichner in Deutschland. Der Autodidakt zeichnete auch die Comic-Serie „Die Ducks in Deutschland" (2012). Jan Gulbransson lebt und arbeitet in München.

WAS AN PAPIER DA IST, WIRD VOLLGEZEICHNET

Jan Gulbransson war bei der Serie „Die Ducks in den Alpen" federführend für die Zeichnungen verantwortlich – und für die Geschichte.

VON KRISTINA OFFERMANN

NACH DEM ERFOLGREICHEN COMIC-ABENTEUER „DIE DUCKS IN DEUTSCHLAND" REISTE DIE ENTENFAMILIE NUN DURCH DIE ALPENLÄNDER ÖSTERREICH UND SCHWEIZ. WER HATTE DIE IDEE DAZU?

Jan: Die einzige Vorgabe war Österreich und Schweiz. Die Idee zu der Story habe ich mir zusammen mit meinem Freund Michael Kompa ausgedacht. Die erste Frage, die wir uns gestellt haben, war: Was verbindet Österreich und die Schweiz? Das sind die Alpen. Und einer von uns beiden sagte sofort: Hey, Alpen, Hannibal, Elefanten – das ist doch gut.

WIE LANGE HABT IHR DARAN GEARBEITET?

Jan: Das war nur ein einziges Telefonat, in dem wir uns das ausgedacht haben. Dann habe ich angefangen und einen Plot geschrieben. Er war sehr ausführlich und das Interessante daran ist, ich habe ihn auf eine völlig andere Art entstehen lassen als normal.

WIESO? WIE IST DER PLOT ENTSTANDEN?

Jan: Ich habe tatsächlich die ganzen 46 Seiten durchgezeichnet ohne einen einzigen Dialogsatz, wie einen Stummfilm. Das war eine unheimlich spannende Erfahrung. Es ist die erste und einzige Geschichte, die ich auf diese Art gemacht habe.

WORIN BESTEHT DER UNTERSCHIED?

Jan: Sonst setze ich zuerst den Text in die Panels. Zeichner neigen natürlich dazu, wenn keine Sprechblase drin ist, einfach alles vollzuzeichnen. Das Tolle ist, wenn du so arbeitest, es diszipliniert unheimlich, sodass du nachher deinen Text noch knapper machst, was ja beim Comic das A und O ist.

HAT ES AUCH MAL NICHT GEPASST?

Jan: Ich hatte schwerste Bedenken, ob ich nachher meinen Text unterbringe. Ist aber überhaupt nicht eingetroffen. Vielleicht bei einem Dutzend Panels musste ich noch ein bisschen herumschieben, um Platz zu schaffen für den Text.

GIBT ES WEITERE SZENEN, DIE DU GEÄNDERT HAST?

Jan: Ich musste ja den Donald für eine Nacht lahmlegen. Erst hatte ich geplant, dass der Geier ihm einen

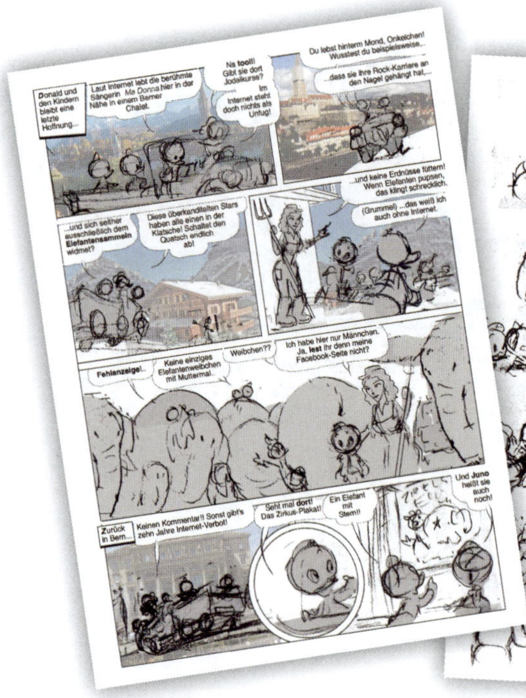

In der ersten Fassung gab es zwei Panels mit Madonna, in der endgültigen nur eines mehr. Das reichte, weil die Pointe nun gut vorbereitet war.

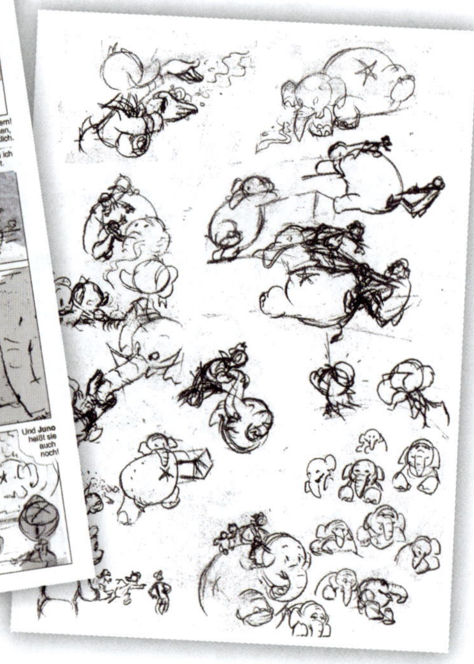

Vorskizzen für das Finale in Wien. Elefanten in verschiedenen Lebenslagen, die später auf dem Riesenrad zum Einsatz kommen.

"ALS BAYER FÜHLE ICH MICH DEN ÖSTERREICHERN SEHR ARTVERWANDT."

Knüppel über den Kopf zieht. Aber dann haben wir gemeint, dass es reicht, wenn er für ein paar Stunden gefesselt ist.

DA HAT DONALD GLÜCK GEHABT …

Jan: Ja, und die Madonna-Szene war ursprünglich auch nur eine Seite. Da funktioniert sie überhaupt nicht. Da geht es viel zu schnell auf die Pointe hin. Das macht keinen Spaß. Dann habe ich mir den Luxus erlaubt und zwei neue Figuren eingeführt, die auf die Szene hinführen. Dann geht es einen Schritt nach dem anderen. Nur deshalb ist die Madonna komisch.

WELCHE DER SZENEN HAT DIR SELBST AM MEISTEN SPASS GEMACHT?

Jan: Ich habe mir ja selber eine Aufgabe reingebaut, die eigentlich nicht zu bewältigen ist. Wenn die Geschichte schon in Wien stattfindet, brauche ich einen interessanten Ort, der Zielpunkt ist. Nun ist für mich „Der dritte Mann" einer der großen Klassiker, also wollte ich die Geschichte in der Wiener Kanalisation haben. Das riesige Problem ist, wie mache ich das. Die Kinder kennen den Film nicht. Man muss es also schaffen, dass es für sie auch interessant ist. Das Spannende ist, eine Melodie, die Zithermelodie, sichtbar zu machen. Das Beste ist, sie also einzuführen, sodass die Kinder sie als gegeben hinnehmen, wenn es tatsächlich wichtig ist. Wenn die ganzen Mäuse und Ratten wegen der Musik aus dem Kanal kommen, dass dann schon klar ist, was das ist. Und so habe ich an drei verschiedenen Stellen die Melodie schon eingebaut. Am Ende, wenn es zu der Szene in der Kanalisation kommt, dann funktioniert es. Das war eine der größten Herausforderungen.

DIE DU ERFOLGREICH GEMEISTERT HAST …

Jan: Du kannst mich mit nix besser motivieren, als wenn du sagst: Das brauchst du erst gar nicht zu probieren.

IN „DIE DUCKS IN DEN ALPEN" SIND VIELE KLEINE ANSPIELUNGEN: NEBEN DER FILMMUSIK AUCH ZITATE, PROMINENTE PERSONEN UND REGIONAL TYPISCHE GEGEBENHEITEN. EIN COMIC FÜR ENTDECKER. WAR DAS DEIN ZIEL?

Jan: Wenn jemand aus einer Geschichte etwas lernt, entweder Wissen oder fürs Leben, dann ist das ein Bonus, der dazukommt. Man macht die Geschichte nicht, um Leuten etwas beizubringen. Wir haben das von Anfang an so gemacht, dass die Story witzig oder spannend ist, dass sie unterhaltsam ist.

UNTERHALTSAM SIND AUCH DIE VERSCHIEDENEN DIALEKTE. SPRICHST DU SCHWYZERDÜTSCH?

Jan: Als Bayer fühle ich mich den Österreichern sehr artverwandt. Kommt sicherlich auch daher, dass meine Großmutter Österreicherin war. Dadurch, dass es so nah an meinem eigenen Dialekt war, hab ich die Texte eigentlich erst einmal in Bayerisch geschrieben. Eine gebürtige Tirolerin, lebt aber in Wien, und ein Freund in der Schweiz haben mir quasi bei der Synchronisation geholfen.

WORIN BESTEHT DER UNTERSCHIED ZU DER SERIE „DIE DUCKS IN DEUTSCHLAND"?

Jan: Der Kern der Sache ist ein anderer. Das war für mich schon ganz wichtig. Dass die Geschichte nicht ähnlich ist. Sie müssen nicht an einen Zielpunkt hin, um dort etwas zu holen, sondern sie müssen etwas dort hinbringen. Es ist etwas anderes, ob ich einen Goldschatz suche oder ob ich ein Tier, was mir irgendwann ans Herz wächst, wohinbringe.

DANKE FÜR DAS GESPRÄCH.

Originalausgabe: „Micky Maus Edition Nr. 2 - Die Ducks in den Alpen",
erschienen 2014 im Egmont Ehapa Verlag

Konzeption & Story: Jan Gulbransson
Zeichnungen: Jan Gulbransson
Art-Assistenz: Sophie Bauer und Laura Pazen

Erschienen in der Egmont Comic Collection,
verlegt durch Egmont Verlagsgesellschaften mbH,
Ritterstr. 26, 10969 Berlin
Informationen zur Produktsicherheit:
safety@egmont.de

3. Auflage der Neuausgabe
Verantwortlicher Redakteur: Fabian Gross
Gestaltung: Yinin Got, Wolfgang Berger
Koordination: Angelika Schönhuber
Printed in the EU
ISBN 978-3-7704-0098-0

Besonderen Dank an:

Sophie Bauer, Christian Behr, Janine Eck, Marcus Eisele, Marc Endriss, Byron Erickson, Ferran, Jan Gulbransson, Michael Kompa, Kristina Offermann, Laura Pazen, Unn Printz-Påhlson, Irina Schulze und natürlich Juno!